Syniad Da

Y bobl, y busnes – a byw breuddwyd

Community Learning & Libraries
Cymuned Ddysgu a Llyfrgelloedd

This item should be returned or renewed by the
last date stamped below.

Newport
CITY COUNCIL
CYNGOR DINAS
Casnewydd

TH

------------- ------------- -------------
------------- ------------- -------------
------------- ------------- -------------
------------- ------------- -------------
------------- ------------- -------------
------------- ------------- -------------
------------- ------------- -------------
------------- ------------- -------------
------------- ------------- -------------
------------- ------------- --------

www.new

Argraffiad cyntaf: 2015

Rhif rhyngwladol: 978-1-84527-513-6

Mae'r cyhoeddwr yn cydnabod cefnogaeth ariannol
Cyngor Llyfrau Cymru

Cynllun clawr: Sion Ilar

Cyhoeddwyd gan Wasg Carreg Gwalch,
12 Iard yr Orsaf, Llanrwst, Conwy, LL26 0EH.
Ffôn: 01492 642031 Ffacs: 01492 641502
e-bost: llyfrau@carreg-gwalch.com
lle ar y we: www.carreg-gwalch.com

Y CAP GWLÂN
A'R ORIAU MÂN

Busnesau Cymunedol Ifan Lodge

Golygydd:
Rhian Jones

Cyflwyniad

Dyn y garej, dyn y llefrith a'r papur newydd, dreifar bỳs, ymgymerwr, un o denoriaid Côr Meibion Dwyfor – hawdd credu mai rhyw Siôn bob Swydd fyddai'n ymgymryd â'r baich gwaith hwn, ond na, nid felly y mae hi! I'r gwrthwyneb yn sicr i chi. Mae Ifan Lodge yn llwyddo i wneud y cyfan, a mwy, a hynny heb ffys na ffwdan. Bydd pob gewyn ar waith ganddo ac mae'n amlwg yn ffynnu ar hynny.

Ifan a'i wraig, Lillian, ydi cyd-berchnogion Garej Ceiri ym mhentref Llanaelhaearn, Llŷn. I'r rhai nad ydynt yn gyfarwydd â'r ardal, mae pentref Llanaelhaearn wedi'i leoli ar y briffordd rhwng Pwllheli a Chaernarfon ac yn swatio wrth droed yr Eifl a Thre'r Ceiri. Mae yno ryw ychydig dros fil o drigolion yn byw bellach. Un o'r pentrefi lwcus rheini ydi o sydd wedi'i anfarwoli mewn darlun o eiddo'r arlunydd enwog Kyffin Williams – darlun gyda llaw sydd bellach 'ar goll' gan iddo gael ei ddwyn yn Hydref 2014 o oriel ddarluniau yn y Southbank yn Llundain!

Ar un adeg roedd Llanaelhaearn, fel sawl pentref bach Cymreig arall, yn bentref ffyniannus gyda siop, becws, tafarn, capel, eglwys, ysgol, meddygfa, deintyddfa, caffi a garej wrth reswm. Fel yn hanes sawl pentref bach gwledig yn ystod yr ugeinfed ganrif, symudodd nifer o'r ardal i chwilio am waith, yn enwedig wedi i'r chwareli ithfaen yn Nhrefor a Nant Gwrtheyrn gau. O ganlyniad, gwelwyd dirywiad ym musnesau'r ardal a chaewyd sawl drws.

Ar un cyfnod, ofnid y byddai'r ysgol, calon y pentref yn cau, ond oherwydd gweledigaeth pobl fel y Meddyg Carl Clowes a charfan weithgar a brwdfrydig, aed ati i brotestio i'r fath fodd fel ag y bu raid i'r awdurdodau ailfeddwl. Deil yr ysgol ei thir o dan brifathrawiaeth Mrs Sianelen Plemming ac mae yno ddeg a'r hugain o ddisgyblion ar hyn o bryd.

O ganlyniad i'r cydweithio a fu rhwng trigolion y pentref a'r ardal i achub yr ysgol, penderfynwyd ffurfio 'Antur Aelhaearn' yn ôl yn 1974. Hwn oedd y mudiad cydweithredol cyntaf ym Mhrydain ac aed ati'n gyfansoddiadol i'w sefydlu gyda phobl yr ardal yn gyfrannog ynddo a phwyllgor etholiadol yn ei weithredu. Y nod oedd gwarchod a hyrwyddo pob agwedd o fywyd Cymraeg a Chymreig y fro a rhwystro'r llif pobl o'r ardal.

Cychwynnodd yr Antur gyda busnes gwau a chrochenwaith mewn adeilad pwrpasol yn y pentref ac fe lwyddwyd i roi cyfleoedd hyfforddiant a gwaith i bobl leol. Er mai byrhoedlog fu hanes y crochendy a'r cwmni gwau, parhaodd yr Antur i esblygu ac i ddysgu drwy ddal ati. Daeth yr adeilad yn ganolfan hyfforddiant bwysig i Gyngor Gwynedd ac wedyn i Goleg Menai er fod y coleg yn bwriadu rhoi'r gorau i'r safle cyn hir. Bydd hynny'n gyfle i edrych eto ar ddefnydd yr adeilad ar gyfer y dyfodol.

Yn ddiweddar bu trafodaethau brwd ynglŷn â sefydlu pentref Llanaelhaearn fel 'Pentref Gwyrdd' fyddai'n creu ynni o dyrbin gwynt a fyddai wedyn yn cyfrannu'n ariannol at ddibenion yr Antur. Fodd bynnag, ymddengys nad oedd mwyafrif trigolion y pentref a'r ardal o blaid hyn oherwydd effaith tyrbinau gwynt tal ar harddwch naturiol y fro. Os yw'r bwriad hwn wedi'i gladdu, nid yw'r Antur yn un i bwdu a rhoi'r gorau iddi!

Mae'n fwriad gan yr Antur i fwrw iddi gyda syniadau eraill. Mae cylch 'Mam a'i Phlentyn' eisioes yn bodoli ac yn cyfarfod yng Nghanolfan y Babell bob bore Iau rhwng hanner awr wedi naw ac un ar ddeg. Teimlir bellach fod digon o alw i gael meithrinfa ar garreg y drws yn adeilad yr hen gapel Babell a Chanolfan Treftadaeth i ddehongli hanes Tre'r Ceiri a hanes cyfoethog yr ardal. Gwyntyllwyd y syniad o greu llawr arall yn nenfwd y capel hefyd ar gyfer dibenion yr ysgol. O ydyn, mae pentrefwyr Llanaelhaearn yn barod i fentro er budd eu cymuned. Fel y byddech yn tybied, mae Ifan Hughes ei hun yn aelod o fwrdd yr Antur ac felly â'i fys ar y pyls yn nigwyddiadau'r pentref.

Enghraifft o ddycnwch pobl yr ardal yw'r dyhead i gadw eu pentref yn fyw. Yn gymharol ddiweddar, gwelwyd Tafarn yr Eifl, a gafodd ei chau ar ddiwedd y ganrif ddiwethaf yn ail agor ei drysau fel caffi ac ar ddyddiau penodol yn is-Swyddfa Bost. Bellach, mae'r busnes wedi cyfnewid dwylo eto gyda chwpl ifanc o bentref cyfagos Pistyll, sef Osian Williams a'i wraig mewn gofal ac maent wedi ail agor y dafarn hefyd. Codwyd nifer o dai fforddiadwy i bobl leol yn 2006 ac yn sicr mae hyn yn golygu bywyd i'r pentref ac yn obaith i'r dyfodol. Mae meddygfa Bryn Meddyg bellach yn gartref gofal cysurus i'r henoed tra mae festri'r capel wedi ei gweddnewid yn ganolfan ddiwylliannol, sef Canolfan y Babell ar gyfer cynnal pob math o weithgareddau fydd at ddant pawb yn yr ardal. Gallwch hyd yn oed brynu crancod ffres neu rai wedi eu rhewi, a physgod wrth gwrs, oddi wrth bysgotwr sy'n byw ym Mhenrhiw'r Oen gyferbyn â Garej Ceiri. Dal i ffynnu mae Becws Glanrhyd ac mae syniadau ar droed i ail agor y siop yn ogystal. Gall busnes arall yn Llanaelhaearn gynnig gwasanaeth ymdrin ag anifeiliad a rhoi ffisiotherapi iddynt ac yn y blaen yn ogystal â chneifio neu dorri cotiau cŵn! Mae yma döwr, peintiwr, trydanwr a phlastrwr ac ambell 'ddyn manion swyddi'.

Nid anodd felly yw deall pam fod Ifan Lodge wedi mynd ati fel beili mewn sasiwn i wneud y peth yma a'r peth arall! Heb ei siop fach yn y garej, byddai pobl Llanaelhaearn a'r cyffiniau wedi gorfod mynd i chwilio i rywle arall am eu llefrith a'u papur newydd, ond mae Ifan wedi camu i'r adwy i gyflenwi'r rhain i gyd. Mae'r hyn mae'n wneud mewn gwirionedd yn help i sicrhau fod y pentref yn parhau'n bentref byw. Cynnig gwasanaeth mae o ac yn sicr mae pobl yn ddiolchgar iawn iddo am hynny. Dydi cael mwy nac un haearn yn y tân yn llesteirio dim ar Ifan fel y gwelwch.

Rhian Jones
Chwefror 2015

Ifan Lodge – Dyddiau maboed

Y seithfed ar hugain o Ionawr 1953 oedd hi pan waeddodd John Ifor Hughes ar Jane, ei ferch hynaf i godi gan fod y babi ar ei ffordd. Pwy oedd hwnnw ond y fi – yr olaf o ddeuddeg o blant Lodge Trallwyn. Mae Jane, oedd yn ugain oed ar y pryd, yn f'atgoffa o dro i dro mai hi helpodd ddod â fi i olau dydd ac iddi fagu dipyn go lew arna'i er mwyn helpu Mam, sef Elizabeth Janet. Dydi Jane, fel finnau ddim wedi symud ymhell ac wedi ymgartrefu yng Nghoed y Garth, y Ffôr. Dydi rhai o'r lleill ddim wedi crwydro ymhell chwaith gydag Elwyn yn Chwilog Bach, Katie yng Nghae Newydd, William Ifor yn Rhos Ceiri ac Ann yn Nhŷ Capel Sardis. Symudodd Elizabeth i Fron Goch, Pencaenewydd gan gadw'r siop yno am flynyddoedd. Yn anffodus mae'r siop bellach wedi cau ers i Elizabeth roi'r gorau iddi yn 2009. Yn Abergele mae John, ac Edwin Owen yn Llanbrynmair yn weinidog gan adael Robert (Bob) Henry yn y cartref o hyd sef Lodge.

Teulu Lodge 1954

Rwyf wedi colli un chwaer sef Helen ers chwe mlynedd ar hugain ac mae ei dau fab bellach ynghyd â'u tad Emyr yn rhedeg busnes lorïau 'E. W. & H. Williams & Sons' yn Llandwrog. Maent yn berchen ar tua pymtheg o lorïau bellach.

Un o lorïau E. W. & H. Williams

Bu farw fy mrawd Merfyn bedair mlynedd yn ôl, rhyw gwta chwe mis wedi colli ei wraig. Roeddent yn cartrefu yn Llanfrothen ac yn ddi-blant.

Nid oedd bod yn un o griw o blant yn beth anarferol yn teulu ni. Roedd fy nhad ei hun yn un o ddeg o blant ac yn enedigol o Gelli Goch, Croesor. Pan oedd rhyw ddeg neu un ar ddeg oed, symudodd y teulu i Fur Cwymp, y Ffôr. Collwyd yr olaf o genhedlaeth fy nhad yn 2010 gyda marw Yncl Sam yn Awstralia. Merch Efail Penmaen, Pentreuchaf oedd Mam. Roedd hithau o deulu mawr. Wedi i'r ddau briodi aethant i fyw i Dai Pentra ym Mhentreuchaf pan oedd Jane yn ddwyflwydd oed. Bu Dad yn hynod o lwcus i gael tenantiaeth Lodge wedyn a symudwyd yno pan oedd Elwyn ond yn fabi.

Trallwyn Hall a'r Lodge

Trallwyn cyn ei adfer i'w gyflwr presennol

Mae Lodge Trallwyn, fel y buasech yn ddisgwyl wedi'i leoli ar y ffordd fawr rhwng pentref y Ffôr a Llanaelhaearn. Heibio'r Lodge mae'r lôn, neu'r 'dreif' fel y buasai'r bobl fawr yn ei galw, i fyny at Trallwyn ei hun. Mae tarddiad yr enw Trallwyn yn un digon diddorol. O'r gwreiddyn Tra-Llwyn mae'n debyg y daw o, sef 'tŷ yr ochr draw i'r llwyn' ac yn yr achos hwn, y 'llwyn' ydi ardal Llwyndyrys. Os ewch oddi ar y lôn fawr ar hyd y lôn fach i

Lodge Trallwyn – cartref bach y teulu mawr

Lwyndyrys, mae modd gweld cip o'r plas mewn un lle.

Mae'r plas presennol a'r adeiladau allanol yn dyddio yn ôl i ddechrau'r bedwaredd ganrif a'r bymtheg ond mae'n debyg fod annedd wedi bodoli ar y safle ers cyn hynny gan fod hen garreg â'r dyddiad 1602 arni wedi ei hailosod yn y plas. Tŷ deulawr ydi Trallwyn gydag atig a seler iddo. Mae mynedfa'r plas yn wynebu'r dwyrain gyda ffrynt crand hefo pum bwa a drws mawr hefo colofnau mawr bob ochr iddo. Mae rendrad gwyn dros y plas i gyd o gymharu â charreg gadarn Lodge. I ddeud y gwir, dylwn ychwanegu fod tair lodge sef yr Isaf a'r Uchaf ar fin y ffordd fawr a Lodge Bont. Mae Lodge Bont i'w gweld oddi ar lôn Llwyndyrys. Yn Lodge Uchaf y cefais i fy magu.

O ran perchnogaeth, noda'r hanesydd Colin Gresham yn ei lyfr *Eifionydd: A Study in Landownership from the Medieval Period to the Present Day*, y gellir olrhain achau teulu Plas Trallwyn yn ôl at Rhys Fychan ap Hywel Gwynedd, oedd yn byw oddeutu diwedd y bymthegfed ganrif. Rhywbryd yn nechrau'r ail ganrif a'r bymtheg, mabwysiadodd ei or-ŵyr, Dafydd, y cyfenw Lloyd ac os edrychwch ar y goeden deulu ar ôl hynny, fe welwch sawl Lloyd drwy'r cenedlaethau. Wynebodd Lloydiaid Trallwyn sawl anffawd a llwyddiant drwy'r canrifoedd megis un yr etifedd, Hugh Lloyd, oedd yn Gasglwr Trethi yng Nghaernarfon yn y ddeunawfed ganrif. Aeth i ddyfroedd dyfnion ei hun yn ariannol a gorfod codi morgais o £500 ar ei stâd oddi wrth ei gefnder, John Lloyd o Lundain.

Cafodd etifedd arall wedyn sef Hugh, ei ladd drwy gael ei daflu oddi ar ei geffyl rywbryd ar ddechrau'r ddeunawfed ganrif a throsglwyddwyd y stâd wedyn i'w frawd John Ellis oedd yn uchel siryf Caernarfon yn 1817-1818. Roedd John yn dipyn o dirfeddiannwr ac yn berchen nid yn unig ar Trallwyn ond hefyd ffermydd Tyddyn Bach, Tyddyn Penfras, Tŷ'n y Pant, Coed y Garth, Glasfryn Bach, Glasfryn

Fawr, Ysgubor Newydd, Mur Cwymp a Cae Cribin. Fel yn hanes ein teulu ni, cafodd o a'i wraig Jane Jones, merch Ficer Aberdaron, ddeuddeg o blant. Ei fab hynaf, John Ellis-Lloyd, a etifeddodd y stâd ar ôl marwolaeth ei dad yn 1855.

Roedd John Ellis-Lloyd ei hun yn dad i ddeg o blant ac wedi'i farwolaeth o, ei ail fab Charles Henry Lloyd etifeddodd Trallwyn gan fod y mab hynaf wedi marw yn ddwy ar bymtheg oed. Gwerthwyd Glasfryn Fawr i deulu Williams-Ellis, Glasfryn oedd eisoes wedi prynu Tyddyn Bach ganddynt. Wedi marwolaeth Charles, ar ddechrau'r ugeinfed ganrif, gwerthwyd y cyfan o stâd Trallwyn i wahanol bobl.

Pan oeddwn yn hogyn, Mr a Mrs Llewelyn Evans a'u pedwar plentyn Hugh, Helen, Janice a Mali oedd yn byw yn Trallwyn. Bu Mr a Mrs Evans yn Nhrallwyn am gryn ugain mlynedd dw i'n meddwl. Mae Mali yn gweithio bellach yng Nghaerdydd fel golygydd ffilm a theledu ac wedi gweithio ar raglenni teledu llwyddiannus fel 'Y Gwyll' a 'Tipyn o Stâd.' Yn Efailnewydd mae Hugh yn byw ac yn briod ag Enid, merch y diweddar Gruffudd Parry, Sarn.

Roedd Evelyn Evans yn wraig foneddigaidd a diddorol iawn. Yn enedigol o Lundain, bu'n gwneud gwaith gwirfoddol yn yr East End yn Llundain adeg yr Ail Ryfel Byd ac oherwydd ei safiad fel heddychwraig, bu'n rhaid iddi ymddangos o flaen Tribiwnlys a'i gwahodd i weithio gydag Uned Ambiwlans y Crynwyr yn yr India. Hwyliodd am Calcutta yn 1942 ond fe suddwyd y llong roedd arni gan dorpedo yn Ne'r Iwerydd. Cafodd ei hachub a'i chludo i Cape Town yn ne Affrica. Ymhen pum mis cyrhaeddodd Calcutta i weithio mewn hostel gan deithio yn ôl a mlaen i China gyda'r uned Ambiwlans. Yn ystod y cyfnod hwn y cyfarfu â Mr Evans. Roedd o yn fab Trallwyn ac ar derfyn y rhyfel, gweithiodd yn y swyddfa gofrestru dyfeisiadau oedd yn eiddo i'w dad yn Chancery Lane, Llundain. Ond roedd y dynfa yn ôl i gefn gwlad yn rhy gryf a daeth y ddau i gartrefu yn Nhrallwyn i ffermio yn 1952. Bu Mr Evans farw yn 1974 ac wedi cyfnod symudodd Mrs Evans i Abererch ac yna i Fangor. Bu hi farw'n 2003. Yr wyf yn falch iawn mod i wedi cael y cyfle i adnabod Mr a Mrs Evans er nad oeddwn fel plentyn yn sylweddoli pobl mor arbennig oeddent.

Yr wyf yn cofio chwaer i Mr Evans hefyd oedd yn byw hefo nhw, sef Miss Evans. Roedd hithau'n wraig uchel ei pharch yn yr ardal ac yn gefnogol iawn i bob digwyddiad diwylliannol a chymdeithasol. Yn Sasiwn y Plant a gynhelid yn flynyddol ym Mhwllheli dan nawdd capeli Methodistaidd yr ardal, byddai gan Miss Evans ran flaenllaw megis ein holi ni, blant yr Ysgolion Sul, yn y Rhodd Mam – rhywbeth na ŵyr plant heddiw ddim amdano mae'n debyg!

Wedi i Mr a Mrs Evans a'r teulu symud oddi yno, bu'r plas yn wag am gyfnod cyn i stiwdio recordio fynd yno yn wyth degau'r ganrif ddiwethaf. Byrhoedlog fu eu harhosiad yno fodd bynnag ac yn ddiweddarach bu Trallwyn yn wersyll i hipis ac hyd yn oed yn safle eu gŵyl haf un flwyddyn. Bellach, mae Trallwyn yn nwylo teulu Williams-Ellis, Glasfryn ac mae Christopher a Victoria Williams-Ellis wedi gweithio'n ddyfal i adfer y tŷ i'w ogoniant gwreiddiol. Yn ogystal, mae maes carafanau bychan wedi'i leoli ar ran o'r tir.

Un nodwedd ddiddorol i ni Gymry mae'n debyg ydi bod William Wynn (1707-1761), mab i Ellis Wyn o'r Lasynys ac awdur *Y Bardd Cwsg*, wedi priodi am yr eildro gyda Jane, merch Hugh Lloyd, un o feibion Trallwyn yn 1735. Roedd William Wynn yn Rheithor Llanaber ym Meirionnydd.

Plentyndod yn y Lodge

Anodd credu, o edrych ar Lodge Trallwyn heddiw, fod deuddeg ohonom wedi ein magu yno ac un o'r atgofion cynharaf sydd gennyf ydi bod yng nghanol criw mawr drwy'r amser, yn enwedig felly ar ddiwrnod Nadolig pan fyddai'r mwyafrif ohonom wedi'n gwasgu at ein gilydd o amgylch y bwrdd bwyd! Ar fore Dolig, byddai'r bwrdd wedi'i orchuddio ag anrhegion ac eraill oddi tano. I ddweud y gwir, mae'r bwrdd yn dal yn Lodge gan Bob.

Teulu Lodge 1964

Byddai gwyliau'r haf hefyd yn un miri mawr a phawb yn mynd a dod drwy'i gilydd. Cofiwch, doedd y deuddeg ohonom ddim i gyd yn byw yn Lodge erbyn i mi gael fy ngeni. Roedd Elwyn wedi troi allan i weithio ar ffermydd ac yn aros arnynt. Aethai Katie ac Ann i goleg o'r enw Dan y Coed yn y Mwmbwls, Abertawe. Yn y coleg ym Mangor yr oedd John Edwin a Merfyn.

Tŷ bychan iawn ydi Lodge o'i gymharu â thai heddiw ac yn ddigon hen ffasiwn. Roedd yno ddwy siambar, un llofft, ystafell ymolchi, pantri ac ystafell fyw. Roedd cwt yn y cefn yn ogystal a byddai hwnnw'n cael ei ddefnyddio yn ystod yr haf. Ar un cyfnod, bu carafan yng nghefn y tŷ er mwyn cael mwy o le i ni.

Fi a Bob oedd y ddau fach yn y nyth gyda Helen yr agosaf atom o ran oed, ond fyddai hi ddim eisiau chwarae hefo ni yn aml iawn. Roedd Merfyn ac Edwin yn hŷn wedyn a dim diddordeb yn ein chwarae bach diniwed ni! Hogiau Cae Cribin oedd yr agosaf atom o ran oed a nhw fyddai'n dod atom amlaf i chwarae neu ni'n dau yn mynd atyn nhw. Byddem yn cael hwyl yn gwneud cuddfan neu 'den' yng Ngwinllan Fedw, sef un o winllanoedd y Lodge. Byddem wrthi am wythnosau'n ei pharatoi a'i gorchuddio hefo mwsog. Rydw i'n cofio gwneud un oedd yn ddigon mawr i fedru sefyll ynddi.

O dro i dro, byddai Bob a minnau'n mynd i Trallwyn i chwarae ac yn cael coblyn o sbort yno. Byddai digonedd o le i chwarae cuddio yn y beudai a'r stablau ac yn y blaen heb sôn am goed i'w dringo. Yr unig adeg nad aem yn agos i'r lle oedd pan fyddai Mr Evans wedi cyflogi dynion duon i weini iddo. Roedd gennym eu hofn am ein bywydau! Hawdd ydi deall hyn oherwydd ar y pryd, prin ein bod ni blant wedi gweld pobl dduon ar wahân i luniau mewn llyfrau ac ambell bapur newydd. Yn ein hanwybodaeth, roedd gennym yr ofn mwyaf ofnadwy ohonynt a byddem yn rhedeg yn gynt na'r gwynt am adra pe baem yn dod i gyfarfod ag un. O ble y deuai'r

Ifan a Bob 1954

16

dynion hyn, nid wyf yn gwybod, ond
mae'n debyg fod gan Mr Evans
gysylltiadau hefo rhywun tua Llundain.
Byddem hefyd yn reidio llawer ar ein
beics ar hyd y lôn i Goed y Garth neu
deuai'r plant yno atom ni i chwarae pêl-
droed neu rownderi. Dysgais reidio beic
yn nhŷ modryb i mi ym Mhwllheli.
Roedd pwt o allt yn nhalcen y tŷ yno a
chawn chwarae hefo beic bach hogyn fy
nghyfnither. Ymhen amser, cefais feic ffrâm wyth modfedd

Ifan a Bob tua 1959

ar hugain oedd yn llawer rhy fawr i mi. Cofiaf un diwrnod yn
arbennig. Dod i lawr y lôn yng nghefn Lodge oeddwn i ac
roedd gallt reit serth yno. Mae'n amlwg mod i wedi codi
dipyn o gyflymder a methais stopio gan lanio yn un swp yng
Ngwinllan Dramp – gwinllan arall yn y Lodge. Wel, cefais
goblyn o dafod gan fy nhad a chofiaf o'n dweud:
  'Be tasa ti wedi brifo? Ac yn waeth byth yn malu'r beic!'
  Creadur – mae'n siŵr y byddai cael beic arall i mi wedi
bod yn dipyn o gur pen iddo. Wrth fynd yn hŷn, yn hytrach
na reidio beic, roedd yn well gen i ei dynnu oddi wrth ei
gilydd i wneud ryw addasiadau a'i roi yn ôl wedyn. Mae'n
debyg fod y gynneddf i fela â pheiriannau ynof yn ifanc felly.
  Ychydig iawn o geryddu fyddai arnom yn y Lodge hefyd
o ystyried faint o deulu oeddem ni. Mae gen i edmygedd
mawr o Mam a Nhad i ddweud y gwir am eu bod wedi magu
deuddeg ohonom yn y Lodge. Wrth gwrs, fe fyddai hi'n
mynd yn ffrae rhyngom ni weithiau ac ar adegau prin, fe
ddeuai'r wialen fedw allan i gael trefn arnom ni! Roedd
clywed yr enw gwialen fedw yn ddigon i'n tawelu weithiau
heb sôn am dderbyn ei blas. Cofiaf hefyd fod ffon yn cael ei
chadw wrth ochr y cloc mawr a blas honno gaem ni os
byddem yn ffraeo yn y llofft neu'r siambar. Rhaid i mi
ddweud, wnaeth ambell chwipiad sydyn hefo'r ffon a'r

wialen fedw ddim drwg i ni a gallaf eich sicrhau na fyddem byth wedyn yn ail-wneud yr un drosedd ar ôl cael eu blas!

Cawsom fagwraeth arbennig o dda pan wyf yn ystyried y peth a dydw i ddim yn meddwl i ni blant gael ein hamddifadu o ddim. Wedi'r cwbwl, nid oedd yn hawdd i Dad a Mam ac eisiau magu dwsin ohonom. Yr unig beth yr wyf yn ei ddifaru yw na wnes i gario mlaen i ddysgu canu'r piano'n iawn a hwythau wedi aberthu arian prin mae'n debyg i sicrhau mod i'n cael gwersi. Mae cerddoriaeth yn bwysig o hyd yn fy mywyd ac mor ddefnyddiol fyddai o i mi heddiw fedru eistedd o flaen piano a chael rhyw donc fach.

Byddai Bob a finnau wrth ein boddau ar ambell ddydd Sadwrn yn cael mynd i Goed y Garth. Roedd Jane ein chwaer, wedi priodi y diweddar Wyn, Coed y Garth erbyn hynny ac roedd ganddynt deledu du a gwyn. Roedd trydan yn cael ei gynhyrchu gyda ryw fath o generadur yno a rhyfeddod o'r mwyaf oedd cael pwyso'r swits a gweld y llun yn ymddangos ar y sgrîn. Am gyfnod, byddai'r ddau ohonom wedi ymgolli mewn ffilm gowbois ac ar y ffordd adref, dychmygem ein bod yn ddau gowboi dewr yn ymladd yr Indiaid Cochion gwyllt fyddai'n carlamu lawr amdanom o gopa'r Eifl a'u pennaeth hefo'i benwisg blu anferthol yn ysu am waed.

Cofiaf yn dda y diwrnod y daeth y peiriant golchi cyntaf i'r Lodge. Cyn hynny, roedd gan Mam goblyn o waith golchi â llaw. Wedi cael y peiriant i weithio, byddai raid i ni blant, gael codi'r caead er mwyn gweld y badlan yn troi'r dillad yn y trochion sebon. Byddai'r dillad yn cael eu codi allan a'u rhoi'r drwy'r mangl oedd ar ben y peiriant golchi a'u hongian ar y lein wedyn. Cymaint o ryfeddod oedd y peiriant golchi ar y dechrau fel y daeth sawl un i'r Lodge i'w weld yn gweithio.

Fel roeddem yn mynd yn hŷn, roedd yn rhaid helpu ar y fferm. Roedd y Lodge ei hun yn fferm o dri deg a phedair o aceri gyda gwartheg godro a defaid cadw. Mentrodd Dad brynu fferm Cae Newydd ym Mhencaenewydd yn ddiweddarach. Yn y dyddiau cynnar roedd Lodge yn fferm ar rent ac yn eiddo i John Lloyd o Lanrwst. Un o deulu Lloyd, Fron Ganol, Llanrwst oedd John Lloyd ac yn ddisgynnydd i deulu Trallwyn. Roedd yn berchen ar sawl fferm yn yr ardal fel Tyddyn Felin yn Llwyndyrys a Fferm Llwyndyrys ei hun. Rwyf yn credu mai y fo hefyd oedd piau ffermydd Penfras Uchaf ac Isaf yn ogystal.

Cofiaf yn iawn fod yn rhaid rhoi trefn ar bethau cyn i John Lloyd ddod o gwmpas i ymweld â'i stâd. Byddai'n galw heibio yn ei 'Morris Minor Traveller' gyda choedyn yn amgylchynu ei thu ôl. Prynodd Dad y Lodge ganddo wedyn a byddai'n rhaid godro'n y ddwy fferm. Godro hefo llaw fyddai hi'n y Lodge ond roedd peiriant 'Wesphalia' yng Nghae Newydd. Sôn am gyffrous oedd hi'n Cae Newydd pan welwyd y llefrith yn llifo'n rhwydd drwy'r beipen wydr am y tro cyntaf. Yn siŵr i chi, fe ysgafnhaodd ddipyn ar y gwaith godro hefyd.

Y drefn oedd dechrau godro yn y Lodge tua chwech o'r gloch y bore. Wedi i Dad, Wil, Bob a finnau odro tua hanner gwartheg Lodge, fe âi dau ohonom fyny i Gae Newydd i ddechrau godro yno wedyn ac am wyth byddai'n rhaid i ni ddal y bỳs i fynd i'r ysgol gan adael Dad i gario mlaen. Rhywbeth yn debyg fyddai'r patrwm gyda'r nos os nad oedd galwad arall arnom i fynychu gweithgareddau'r Urdd ac yn y blaen.

O oedd, roedd hi'n hanfodol fod ni blant yn gweithio adref. Nid godro'n unig fydden ni chwaith, ond fe fyddai gwaith tymhorol i'w gyflawni. Byddem yn bwrw iddi i godi tatws a chodi cerrig. Roedd yn gas gen i godi cerrig ond doedd gen i ddim dewis chwaith. Byddwn hefyd yn bwydo'r ieir a hel wyau. Os oedd hi'n gyfnod gwyliau ysgol, roedd edrych ymlaen garw at ddydd Llun. Dyma'r diwrnod y deuai

Yncl Gruffudd, Brynmor, Chwilog, heibio i nôl wyau. Byddai Yncl Gruffudd yn casglu wyau o sawl fferm yn yr ardal a châi rhai ohonom ni blant, fynd hefo fo i Goed y Garth a Chae Cribin. Wedi dod yn hŷn, byddai'n rhoi cyfle i ni ddreifio. Weithiau, digwyddai rhywbeth i frêc y fan a byddai Yncl Gruffudd yn gweiddi arnom i neidio allan rhag ofn i ni gael damwain tra byddai o'n ei chael dan reolaeth rywsut neu gilydd! Roeddem yn ei gweld hi'n hwyl garw cael neidio allan o'r fan i'r gwelltglas heb ystyried y peryglon o gwbl. Roedd drysau ar rêl bob ochr i'r fan felly roedd yn hawdd neidio allan pan fyddai'n rhaid.

Cofiaf un tro fynd yn y fan i fferm Ty'n Gors, Llanaelhaearn. Nid oedd llawer o le i droi ar iard y fferm a byddai'r ffarmwr yn ceisio cyfeirio Yncl Gruffudd yn ôl trwy weiddi,

'Back a bit! Back a bit! Whey!'

Weithiau byddai'r 'Wê' yn rhy hwyr yn cyrraedd a'r fan fach wedi bacio i'r domen ac wedi mynd yn gaeth yno. Byddai'r ffermwr wrth ei fodd yr adeg honno yn ein gweld yn gwthio'r fan ac yn dail gwartheg drosom. Ymlaen am Foelfre Mawr fyddai hi wedyn a hefyd i Foelfre Bach a Chors y Ceiliau. Deuai George hefo ni weithiau, sef ci Labrador mawr du. Roedd George yn dipyn o gymeriad ac mi neidiai allan o'r fan yn ymyl Pentre Bach a rhedeg ar ein holau i Gors y Ceiliau. Wedi cyrraedd yno, byddai'n neidio yn ôl i'r fan yn dyhefod fel peth gwirion ac yn gollwng glafoerion am ein pennau. Rhwng y tail gwartheg a'r glafoerion ci, mae'n siŵr nad oedd ryw arogl hyfryd iawn arnom erbyn cyrraedd adref.

Ysgol y Ffôr

Yn Ysgol y Ffôr y cefais fy addysg gynradd a'r prifathro yr adeg honno oedd Mr Richards o Bwllheli. Roedd yn ddyn byr o gorffolaeth ac yn dda iawn hefo ni'r plant. Cofiaf ei fod yn arlunydd da iawn a byddai aml i lun wedi'i wneud â phensel ganddo yn cael eu harddangos yn ei ystafell ddosbarth. Beth ddaeth o'r lluniau hynny tybed? Byddai'n ddifyr iawn cael gwybod.

Roedd gen i amryw o ffrindiau yn Ysgol y Ffôr – hogia fel George Morton a Gareth Ffatri Plas Du. Y gwir amdani ydi fod pawb yn ffrindiau yn yr ysgol yr adeg honno a does gen i ond atgofion braf am y lle. Rwyf yn cofio fod gan un o'r hogiau, sef Kelvin Dunn, aderyn wedi'i ddofi a'i fedyddio'n Jac – ia, Jac Do oedd o. Byddai Jac yn dod i'r ysgol yn aml i edrych amdanom ac os byddai pawb i mewn yn ei ddosbarth, deuai Jac i'r ffenest. Os byddai'r ffenest ar agor, byddai'n hedfan i mewn a chael croeso mawr! Bosib ei fod wedi dysgu dipyn, os nad mwy na ni, yn ambell un o'r gwersi.

Ambell fore, byddwn wedi cyrraedd yr ysgol yn gynnar hefo bỳs Moto Coch ac yn hytrach na sefyllian ar yr iard, awn i dŷ George Morton. Weithiau, byddai ei fam yn gwneud tôst i mi. Yr adeg honno, coeliwch neu beidio, roedd tôst yn beth newydd i mi a byddwn yn awchu amdano a'r briwsion yn neidio i bobman wrth frathu iddo. Bron na fedrwn arogli'r bara hyd heddiw. Mae George a minnau wedi parhau'n ffrindiau ers dyddiau maboed ac er nad ydym yn gweld cymaint ar ein gilydd erbyn hyn, cawn sgwrs o bryd i'w gilydd pan fydd yn mynd heibio'r garej gan ei fod yn byw yn Nhrefor.

Un arall o'm ffrindiau yn y Ffôr ac ysgol dre wedyn oedd Gareth Ffatri. Un arall oedd y diweddar Glyn Bodowen.

Bûm yn rhannu'r daith hir i'r coleg ym Mangor yn un o geir Glyn. Roedd o'n byw ym myd y ceir y dyddiau hynny ac yn gweithio bob cyfle a gâi yn Garej Pandy, Chwilog. Doedd dim ots beth oedd gwneuthuriad ei geir. Cyn gynted ag y byddai wedi prynu ryw gar 'newydd', byddai'n rhaid i Glyn gael gwneud newidiadau iddo ac ychwanegu'r peth yma a'r peth arall. Ffrind da iawn iawn oedd Glyn er ei fod yn un gwyllt fel matsien ar brydiau.

Ysgol y Ffôr 1964

Yn fy nyddiau i, byddai gwastraff bwyd Ysgol Ffôr sef y swil, yn cael ei gludo o'r ysgol gan Joseff Felin. Roedd Felin yn dyddyn bach lle saif tanciau llaeth Hufenfa De Arfon heddiw ac yn terfynu hefo Plas Belle. Deuai Joseff i nôl y swil efo'i feic a hongian bwcedi ar yr 'handlbars'. Dw i'n siŵr fod moch Felin fel 'fala o dew! Fedra'i ddim ond chwerthin heddiw wrth weld llun yn fy meddwl o Joseff yn mynd lawr pentre'r Ffôr hefo'r bwcedi swil llawn yn pendilio yn ôl a blaen ar y beic ac yn tasgu am ei ben mae'n siŵr.

Mrs Griffith, 2 Stryd Madog fyddai'n dod i lanhau'r ysgol ac yn rhoi help llaw hefo'r bwyd pan fyddai angen. Mae gen i atgof o sawl un o wragedd y pentref megis Mrs Gwen Parry, 1 Rhesdai Salem yn ein hebrwng yn ddiogel dros ffordd i'r ysgol ac yn cael y teitl 'Dynes Lolipop' yn eu tro. Gan fod iard yr ysgol yn terfynu â rhes dai Eifion Terrace, byddai Ceinwen yn ymddangos drwy'i drws cefn i ddwrdio unrhyw rai fyddai'n bygwth ffraeo. Anti Ceinwen fyddai un o fy mêts sef Glyn Moss yn ei galw, gan ei fod o'n byw y drws nesaf iddi. Cofiaf hefyd fel y byddem yn pryfocio Gwynfor Saer oedd yn byw wrth giât yr ysgol a byddai yntau'n rhedeg ar ein holau â'i getyn yn ei geg yn dragwyddol. Rhyw gymryd arno redeg yr oedd o hefyd gan mai hwyl diniwed oedd y cyfan. Chwith meddwl fod yr hen gymeriadau yma oedd yn lliwio pentref wedi hen fynd.

Ysgol Sul a Chapel

Ar y Sul, roedd yn rheidrwydd arnom i gyd yn blant fynychu'r Ysgol Sul yng Nghapel Pencaenewydd. Yn wir, mae Jane fy chwaer wedi parhau'n ffyddlon iawn i'r Ysgol Sul ac fe dderbyniodd y Fedal Gee am ei ffyddlondeb yn ôl yn 2009. Wedi cael gwasanaeth dechreuol yno, byddai pawb yn gwasgaru i wahanol ddosbarthiadau. Byddai'r plant ieuengaf yn mynd i ddosbarth Miss Williams, Tŷ Capel. Cofiaf yn iawn fel byddai'n ysgrifennu hefo pensel ac yn rhoi ei blaen ar ei thafod cyn cychwyn ysgrifennu er mwyn i'r ysgrifen fod yn gryfach na phensel sych!

Dysgais lawer yn yr Ysgol Sul a chael cymryd rhan mewn llawer i beth megis y Cyfarfod Bach cyn y Nadolig. Mae'r Cyfarfod Bach wedi dal ei dir ym Mhencaenewydd ac rydw i'n dal i gymryd rhan ynddo. Mae gennym bedwarawd yno o'r enw 'Ar ôl Seibiant'. Un go swynol ydi o hefyd os ca i ddeud, er gwaetha be ddywed ambell un. Gweld nad oes ganddyn nhw fawr o obaith yn ein herbyn maen nhw go iawn.

Agwedd arall o Gapel Pencaenewydd ydi'r Gymdeithas sy'n cyfarfod yn rheolaidd yn nhymor y gaeaf a'r gwanwyn. Cynhelir pob math o weithgareddau at ddant pawb yno ac eleni rydw i wedi cael y fraint o fod yn llywydd arni.

Ifan yn cychwyn i'r Ysgol Sul ym Mhencaenewydd tua 1957

Ysgol Frondeg

Daeth tro ar fyd ym Medi 1964 pan fu'n rhaid i mi ei throi hi am Ysgol Frondeg, Pwllheli yn un ar ddeg oed. Doedd dim digon yn fy mhen i (neu'n hytrach, ar y pryd, wnes i ddim mo'r defnydd gorau o'r hyn oedd yn fy mhen) i fynychu'r Ysgol Ramadeg, lle mae un o safleoedd Coleg Meirion Dwyfor erbyn heddiw. Roedd George Morton ar y llaw arall yn un digon gweithgar ac i fyny'r allt am y Cownti yr aeth o, er ein bod yn gweld ein gilydd ar y bỳs bob diwrnod. Cofiwch, dydw i ddim yn amau fod yr addysg gefais i yn Frondeg wedi fy siwtio i'n well gan ei fod yn fwy ymarferol ac ddim yn rhoi cymaint o bwyslais ar ysgrifennu.

Byddwn yn cael hwyl ar y bỳs yng nghwmni hogia' hŷn. Roedd tipyn o griw ohonom i ddeud y gwir – Padi, Cae Cropa, Trefor; John Gareth yn un arall; Emyr, Arwel a Glyn, hogia' Cae Cribin a Bleddyn, Glasfryn Bach. Wrth gwrs, roedden ni, blant Lodge yn griw reit helaeth hefyd.

Yn Frondeg, cefais gyfle i ymuno â'r Urdd a chael mynd i wersylla i Langrannog ac i sawl eisteddfod. Euthum i'r eisteddfod yng Nghaerdydd un flwyddyn a dod oddi yno hefo crwban. Bu Caradog hefo ni'n y Lodge am flynyddoedd. Cefais un arall wedi iddo ymadael â'r fuchedd hon a Caradog oedd enw hwnnw hefyd. Fe ddihangodd yr ail Garadog ac er chwilota'n ddyfal amdano, ddaeth o byth i'r fei. Am a wn i, falla fod o'n dal i fyw'n hapus ar ben Tre'r Ceiri ac yn edrych lawr arna i bob diwrnod o'r copa creigiog.

Byddai criw o Frondeg yn cymryd rhan yn flynyddol mewn cyngerdd yn Neuadd y Dre oedd yn rhan o ddathliadau Carnifal Pwllheli. Gan fy mod i'n eithaf hoff o ganu, rydw i'n cofio yn 1967 i mi gael fy newis i ganu deuawd o'r 'Sound of Music' hefo Jean, Moelfre Mawr, Llanaelhaearn a Phenarth Bach, Chwilog erbyn heddiw.

Ifan, a Jean Moelfre Fawr ar y dde wrth y bocs, 1967

Roedd yn orfodol i mi wisgo rhyw drowsus bach cwta a bresys fel hogyn bach o Awstria. Cyngerdd coroni y Frenhines Jane oedd hwn a Jane ydi merch Margaret Griffith a'r diweddar Dr Caradog. Y ddiweddar Nansi Mai Evans oedd wedi ein hyfforddi, sef athrawes gerdd Ysgol Fron

Llanciau'n llymeitian!

Wedi mynd yn hŷn, byddwn i a fy ffrindiau yn mynd i hel ein traed ar nos Sadwrn a chael rhyw beint yn awr ac yn y man. Roedd tafarn Glandwyfach, Bryncir; Y Glaslyn, Prenteg a'r Beuno, Clynnog Fawr yn gyrchfannau poblogaidd yr adeg honno a byddai canu mawr ymhob un ohonynt.

Erbyn hyn, roeddem yn ein tro wedi llwyddo i basio'n prawf gyrru ac oherwydd mod i'n ymddiddori ym maes ceir, roedd gen i fy nghar fy hun sef A35 o liw glas golau. Gan mai hwn oedd fy nghar cyntaf, roeddwn yn meddwl y byd ohono ac yn edrych ar ei ôl fel pe bai'n fabi bach. Cawn lawer o hwyl yng nghwmni ffrindiau da fel Robert Emrys, Pencae neu Robin Em i ni; Iestyn Fôn, Llangybi; Alwyn Jones a Gareth, brawd Robin Em.

Un ffrind triw iawn i mi ydi Emlyn Rogers o'r Ffôr. Nid yn unig mae'n ffrind, ond

Richard, Ifan a Glyn yn Llundain, 1970-72

cymwynaswr yn ogystal a daw i'm gweld fwy nac unwaith yr wythnos gan ei fod bellach wedi hanner ymddeol. Daw draw am banad bob bore Sul bron. Y fo hefyd ydi dreifar yr hers sydd gen i. Rwyf yn parhau i weld Robert Emrys ac Iestyn Fôn ond nid wyf wedi gweld Alwyn a Gareth ers tro byd gan eu bod wedi symud o'r ardal i weithio. Fe wnaethon nhw gofio amdanaf ar ddiwrnod fy mhriodas i a Lillian, fodd bynnag, a chawsom ddau blât tsieina ganddynt yn anrheg hefo lluniau adar arnynt. Mae'r ddau blât yn hongian fyny yn barchus gennym ni adref yng ngyntedd Elidir o hyd.

Teulu Lodge 1974

Teulu Lodge 1984

Canlyn a phriodi

Lillian, fel y gŵyr y rhan fwyaf ohonoch, ydi'r wraig. Ym Mhwllheli ar ryw nos Sadwrn y gwnaethom ni gyfarfod fel sawl cwpwl arall mae'n debyg. Ar ein dêt cyntaf, es â hi adref i Lanystumdwy yn y Mini bach, sef y car oedd gen i yr adeg honno. Mae'n siŵr ei fod o wedi gwneud dipyn o argraff arni gan i ni drefnu dêt arall yn syth! Priodwyd ni yn Eglwys Sant Ioan Fedyddiwr, Llanystumdwy ar 27ain Medi, 1975. Digwyddodd un anffawd ar y diwrnod mawr. Am ryw reswm – sydd wedi mynd yn angof bellach – bu'n rhaid newid amser y gwasanaeth priodasol ac anghofiwyd gadael i ambell un o'r gwesteion wybod. Roedden nhw wedi bod yn eistedd yn yr eglwys ers hydoedd ymlaen llaw ac yn dyfalu ble ar wyneb y ddaear roedd pawb. Mae'n siŵr fod ambell un yn amau fod un ai Lillian neu fi wedi cael traed oer ac wedi ei gwadnu hi!

Bu Lillian a minnau'n cartrefu yn syth ar ôl priodi mewn carafan statig yn y Lodge am ryw ddeufis cyn cael symud i Elidir, sydd drws nesaf i Garej Ceiri, ym mis Tachwedd. Yn eu tro, fe gyrhaeddodd y plant – Nia Angharad ar 18fed Hydref, 1978; Gareth Euros ar 6ed Hydref, 1987 a chwta ddeng mis a hanner wedyn, cyrhaeddodd Einir, y cyw melyn olaf ar 25ain Awst, 1988!

Erbyn hyn, mae Nia yn briod â Dylan ac yn byw yn Llanllyfni ac mae ganddynt

Priodas 27 Medi, 1975

29

ddau hogyn bach, sef Gwion sy'n saith oed ac Ianto'n bedair oed. Yma'n gweithio yn y swyddfa i mi mae Nia yn gwneud y gwaith papur i gyd ac yn helpu gyda threfnu angladdau. Mae Euros wedi sefydlu ei Gwmni Contractio Trydanol ei hun ers tair mlynedd ac yn byw adref hefo ni. Mae Einir yn briod â William Tyddyn Heilyn, Chwilog ac yn byw ym Mhlas Newydd, Chwilog bellach. Gweithio fel cyfieithydd gyda Chartrefi Cymunedol Gwynedd ym Mangor y mae hi.

Dolig 1988 – Einir, Nia ac Euros

1989 – Einir, Nia ac Euros

Hufenfa De Arfon

Bûm ddigon ffodus wedi ymadael â'r ysgol i gael prentisiaeth yn y garej yn Hufenfa De Arfon yn Rhydygwystl a chael cyfuno hyn hefo cwrs Mechanig yn y Coleg Technegol ym Mangor. Os oes rhywle yn yr ardal hon sydd wedi gwneud cyfraniad amhrisiadwy i amaethyddiaeth a chyflogi degau o bobl leol dros y blynyddoedd ac yn dal i wneud hynny, wel Hufenfa De Arfon ydi hwnnw. Does wybod lle byddwn i wedi mynd i ddechrau fy ngyrfa oni bai am y Ffatri Laeth. Rwy'n cofio'n iawn mai'r bos pan gychwynnais i yno oedd gŵr o'r enw Charles Evans a ddywedodd wrtha'i mod i wedi dod i'r lle gorau i ddysgu ac os y gwnawn i gamgymeriad, chostiai o ddim i'r un unigolyn. Roeddent yn eiriau doeth iawn oherwydd eu bod wedi rhoi hyder i ryw gwbyn fel fi.

Roeddwn i hefyd yn cael mynd allan ar fan lefrith yr Hufenfa yn achlysurol. Dysgais lawer am Ben Llŷn wrth dramwyo'r ffyrdd bach gwledig. Coeliwch neu beidio, ond roedd gwlad Llŷn yn ddieithr iawn i mi bryd hynny gan nad oeddwn wedi teithio ryw lawer, dim ond ambell drip ysgol ac Ysgol Sul. Erbyn hyn, bron na allwn i deithio hyd lonydd Llŷn ac Eifionydd â'm llygaid ar gau.

Prentis yn y ffatri

31

Mentro i fyd busnes

Prynu Garej Ceiri

Tra oeddwn yn gweithio yn Hufenfa De Arfon, roeddwn hefyd wedi dechrau gweithio i mi fy hun yn y Lodge bob cyfle gawn i. Cam naturiol oedd o i sefyll ar fy ngwadnau fy hun a phan aeth Garej Llanaelhaearn ar werth yn 1975, symudais ryw filltir dda i lawr y lôn heb wneud fawr o wahaniaeth i'r dyrnaid cwsmeriaid ffyddlon oedd gennyf.

Yn wreiddiol, roedd y garej yn eiddo i Dr Jac o Lanaelhaearn ac fe'i prynwyd hi wedyn yn 1950 gan Aneirin Jones. Brawd i'r diweddar Elwyn Jones, Llanbedrog, oedd yn unawdydd enwog drwy Gymru ac enillydd Cenedlaethol ar wobrau David Ellis ac Osborne Roberts ydi Aneirin Jones. Meibion Tŷ'n Drain, Llanaelhaearn oedden nhw'n wreiddiol. Roedd galw mawr am wasanaeth Elwyn Jones fel unawdydd a meddai ar lais bariton rhagorol. Mae Aneirin Jones yn byw ym Mhorthaethwy bellach ac ymhell dros ei ddeg a phedwar ugain oed.

Yn 1961 prynodd Aneirin Jones ddarnau o dir gan fferm Uwchlaw Ffynnon, Bryn Meddyg, Penrhiw'r Oen ac oddi wrth Miss Jane Lloyd, Ynys er mwyn ymestyn y garej fel ag y mae hi heddiw. Codwyd tŷ ar ddarn o'r tir lle mae fy nghartref i heddiw. Gwnaed tipyn o addasu i'r hen garej fel y gellir gweld o'r lluniau. Roedd y garej wreiddiol yn lle mae'r drws

Y llun cynharaf o'r garej tua 1950

Y garej yn datblygu a'r pympiau petrol yn eu lle – canol y 50au

mawr heddiw ac roedd iddi nenfwd uchel. Garej fechan iawn oedd hi felly, ond mae'n bur debyg ei bod yn addas at ofynion y cyfnod.

Ymhen amser, gwerthodd Aneirin Jones y garej i Mr a

Gwaith ymestyn yn cychwyn ar y garej

Mrs Reed. Roedd Mrs Reed yn enedigol o Lanberis a hi alwodd y tŷ yn Elidir. I'r rhai nad ydynt yn gyfarwydd ag ardal Llanberis a Deiniolen, wel mae mynydd Elidir i'w weld yno ac yn ffurfio'r pegwn gogleddol i fynyddoedd y Glyderau. Dim ond am ddwy flynedd y bu Mr a Mrs Reed yma ac fe aeth y busnes ar werth yn 1975 gan roi cyfle euraid i mi brynu'r garej.

Bu Lillian a fi'n hynod lwcus gyda'r tŷ. Roedd mewn cyflwr ardderchog i ddweud y gwir, ar wahân i waith paentio a thwtio yma a thraw. Y broblem fawr oedd y garej ei hun. Yn anffodus, roedd gan Mr a Mrs Reed gi ac yn y garej roedd yn cael ei gadw. Roedd yr hen gi wedi baeddu ym mhob man a bu'n rhaid mynd ati i roi sgwrfa iawn i'r lle cyn medru dechrau ar waith garej go iawn.

Pan gychwynnais ar fy liwt fy hun, dim ond y fi oedd yn gweithio yma am ychydig ond wrth i'r busnes gynyddu daeth hogyn o'r pentref, Peter Rowlands, i weithio ataf. Rwyf wedi cyfeirio eisoes at y ffaith fod fy hen gwsmeriaid yn y Lodge wedi fy nghanlyn i Garej Ceiri, ond llwyddais i ddenu rhagor hefyd megis Becws Glanrhyd, Gwynfor Williams, Tyddyn Felin, Llwyndyrys pan oedd yn rhedeg lori wartheg a chwmni adeiladu Johnnie Jones o Lanaelhaearn, i enwi dim ond rhai.

Ar y cychwyn, yr oedd hi'n eithaf anodd cael arian wrth gefn i dalu am y peth yma a'r peth arall. Bu'r banc yn gefnogol iawn i mi. Pan oeddwn i'n dechrau arni yn saith degau'r ganrif ddiwethaf, roedd banciau i ddweud y gwir yn llawer mwy parod ac abl i roi cefnogaeth i fusnesau newydd. I helpu mwy ar Garej Ceiri, bûm yn cynorthwyo i wneud gwaith i gwmni o'r enw 'M&N' os cofiaf yn iawn. Cwmni oedd yn tyllu'r lôn i osod ceblau trydan neu ffôn oeddynt a bûm yn teithio lawr i Sain Clêr yn sir Gaerfyrddin am gyfnod yn gwneud gwaith mecanyddio iddynt. Gwyddelod oedd y rhan fwyaf o'r gweithwyr ac yn dipyn o gowbois hefyd!

Adeiladu Elidir

Roedd ganddyn nhw straeon, mam bach, ac yn gymeriadau ar y naw coeliwch fi.

Cafwyd un neu ddau o achosion o bobl oedd braidd yn hir yn talu biliau i mi hefyd a doedd dim amdani ond mynd i'w cartrefi i chwilio am fy arian. Roedd gen i ddau sgwter Lambretta hefo injan 200c.c. yma ar y pryd ac fe fyddwn yn eu defnyddio i fynd ar ôl y 'drwgdalwyr'. Doedd dim angen holi pwy neu beth oedd yn dod hyd y lôn gan fod injan y sgwter bach yn gwneud sŵn fel cacwn mewn pot jam.

Buom yn gwerthu petrol a diesel yma am gyfnod ond nid oedd llawer o elw ynddo. Byddai pobl yn rhedeg cownt petrol yma ac o ganlyniad, doedd y llif ariannol ddim yn gyson. Roedd pris tanwydd hefyd yn codi byth a beunydd ac wrth gwrs, y cwsmer oedd yn gorfod ysgwyddo'r cynnydd ariannol hwn. I ddweud y gwir, roedd hi'n gyfnod digon anodd ar fusnesau bach ar ddiwedd y saith degau a dechrau'r wyth degau oherwydd costau a threuliau aruthrol o uchel a chystadleuaeth annheg o du'r archfarchnadoedd. Yn achos sawl un, doedd dim amdani ond rhoi'r gorau iddi. Bûm i yn hynod o ffodus i ddweud y gwir gyda'r banc yn gefnogol iawn ond fe wnaethpwyd y penderfyniad i roi'r gorau i werthu tanwydd ar ddechrau wyth degau'r ganrif ddiwethaf. Bu hyn o fantais fach i Garej Ffôr gael fy nghwsmeriaid tanwydd i wrth gwrs, gan fod y garej honno yn fwy nag yma p'run bynnag. Fel yna mae hi mewn busnes, wrth gwrs – mae rhywbeth nad yw'n talu i un, yn mynd i fod yn hwb i elw un arall yn y pendraw. Mae gweithio drwy'n gilydd fel hyn yn sicr wedi fy helpu i. Dysgu drwy brofiad yn siŵr i chi mae rhywun a rhannu efo rhai eraill.

Y bobl bwysig – y staff!

Yn y man, daeth Dylan Williams o Rosfawr ataf fel prentis ac mae'n rhaid ei fod wedi hoffi ei le achos mae o'n dal yma. Mae o yma bellach ers 1978. Dydi Dylan ddim bob amser yn cyrraedd ei waith mewn pryd ac rydw i wedi bygwth prynu wats iddo ar fwy nac un achlysur. Ei bryfocio fydda'i cofiwch achos mae o a fi'n deall ein gilydd i'r dim ac mi fedraf ddibynnu'n llwyr arno. Wedi cyfnod o bum mlynedd ar hugain yma hefo fi, fel arwydd o ddiolchgarwch am ei deyrngarwch, prynodd Lillian a finnau feic newydd sbon iddo. Gobeithio nad ydi o'n disgwyl cael car neu hyd yn oed fŷs gen i ar ôl cyflawni hanner can mlynedd yn y garej!

Un arall sydd yma ydi Michael Costella, prentis ifanc o'r Ffôr erbyn hyn. Nia'r ferch sy'n gofalu am y swyddfa ac mae'n cael cymorth Sophia Jones o Bwllheli ar ddyddiau Llun yn unig. Wedi graddio o'r coleg mewn Busnes a Gweinyddiaeth Gymdeithasol yn 2000, aeth Nia i weithio i

Dylan Rhosfawr

Central Garage yn Harlech. Wedi cryn berswâd, llwyddais i'w denu i weithio at ei thad druan! Gwnaeth dipyn o newid i'r lle i ddweud y gwir gan roi trefn ar bethau roeddwn i wedi tueddu i'w hanwybyddu a'u rhoi o'r neilltu ers tro byd. Gas gen i waith papur ond bellach mae popeth yn gweithio fel wats ganddi.

Nia hefyd sy'n gyfrifol fod y merched yn y swyddfa'n gwisgo rhyw fath o iwnifform, sef côt gwta ddu gynnes ar gyfer y gaeaf a'r haf weithiau gyda'u henwau arnynt ac enw'r garej wrth gwrs. Mae'n bwysig manteisio ar bob cyfle i hysbysebu'r garej. Gall fod yn oer yn y swyddfa ar adegau gan fod llawer o fynd a dod mewn garej a drysau'n agor a chau. Hefyd, mae garej yn lle budur i weithio ynddi ac felly mae du yn lliw buddiol iawn! O'm rhan i a'r mecanics, wel, oferôl amdani ac fel arfer maen nhw'n olew drostynt, ymysg sylweddau eraill o grombil peiriannau ceir a lorïau. Cwmni Garej Ceiri sy'n prynu'r oferôls i'r mecanics hefyd ond maen nhw'n gorfod eu golchi eu hunain. Fasa Lillian ddim yn hapus yn gorfod golchi dillad pawb.

Byddwn fel cwmni hefyd yn cyfrannu tuag at ddigwyddiadau diwylliannol yn yr ardal. Mae Cwpan Ceiri yn cael ei chyflwyno yn flynyddol yn Eisteddfod Llanaelhaearn i'r buddugwr yng nghystadleuaeth y prif adroddiad. Byddwn yn cyfrannu'n ariannol at yr uchelseinydd yn Eisteddfod y Ffôr yn ogystal.

Mae derbyn prentisiaid dan hyfforddiant yn bwysig iawn yn fy marn i ac mae amryw wedi bod yma ar wahanol gyfnodau. Wedi'r cyfan, lle byddwn i oni bai i mi gael fy mhrentisio yn y ffatri laeth? Byddaf o dro i dro yn mynd ar ymweliad â garej Moto Coch yn Nhrefor. Mae yno ŵr sy'n dweud wrth yr hogia pan wêl fi'n dod:

'Cofiwch barchu Ifan. Y fo cychwynnodd chi i gyd, y diawliaid!'

Mi fydd pawb yn rowlio chwerthin pan glywan nhw hyn

a fedra'i wneud dim ond gwenu hefo nhw, er ei fod o'n codi cywilydd arna'i braidd. Erbyn hyn gyda chymaint o newidiadau, gwn mod i'n cael fy nghysidro braidd yn hen ffasiwn yn fy ffyrdd, ond rwyf wrth fy modd os y llwyddaf i ddysgu rhywbeth i rywun.

Y garej o ddydd i ddydd

Mae busnes yn ddigon gwastad ar hyd y flwyddyn yma'n y garej a fedra'i ddim dweud fod yr un cyfnod yn brysurach na'i gilydd. Mae tueddiad i fisoedd Ebrill, Mai a dechrau Gorffennaf fod ychydig prysurach gyda gwahanol gymdeithasau a phobl yn llogi bỳs i fynd ar dripiau. Bydd y garej ar agor o wyth y bore tan hanner awr wedi pedwar o ddydd Llun i ddydd Gwener ac o wyth tan hanner dydd ar y Sadwrn. Bydd ar gau ar y Sul heblaw am werthu papurau Sul o naw tan hanner dydd. Er fod yma oriau swyddogol, fydda i'n aml iawn yn dal ati fy hun wedi i bawb droi am adra. Mae'r busnes angladdau yn bedair awr ar hugain yn swyddogol.

Calon y garej – y gweithdy

Trin a thrafod y lorïau

Prif waith y garej erbyn hyn mae'n debyg ydi trwsio lorïau. Dyna pam mae cymaint ohonynt i'w gweld yma'n gyson ar ochr y ffordd. Mae gen i gontract hefo'r perchnogion i drin eu lorïau yn ogystal â pharatoi eu cerbydau ar gyfer prawf M.O.T. Mae'n holl bwysig fod y lorïau'n cael eu cadw mewn cyflwr perffaith ar gyfer y ffordd neu ni fyddai'r perchnogion yn cael trwydded i'w rhedeg. Daw rhai yma yn fisol ac eraill bob chwe wythnos. Deuddeng wythnos yw'r cyfnod hwyaf a chyfreithiol y medrwch adael lori heb gael archwiliad. Ar gyfartaledd, bydd tair i bum lori yma'n wythnosol yn cael gwasanaeth ac mae'n siŵr ein bod yn profi rhwng deugain a phump a hanner cant y flwyddyn.

Mae angen peiriannau gwahanol i drin y cerbydau hyn gan eu bod o reidrwydd yn beiriannau tipyn cryfach. Os oes rhywbeth wedi newid yn ddychrynllyd yn y garej, wel y gwaith ar lorïau ydi hwnnw. Rhaid bod yn wyliadwrus iawn wrth ymdrin â nhw gan sicrhau fod popeth yn cael ei wneud i'r ansawdd gorau. Rydym yn ceisio buddsoddi yn araf yn y dechnoleg ddiweddaraf fel ein bod yn medru darllen i mewn i ymennydd y peiriant fel petae. Mae yma beiriant arbennig i brofi breciau wedi'i brynu ers tro byd erbyn hyn a pheiriannau i brofi ansawdd mwg a golau'r cerbyd. Pur anaml y gwelwch chi lori'n mygu y dyddiau hyn a phan fyddant yn mynd am eu prawf M.O.T. rhoddir prawf mwg gweledol arnynt yn ogystal.

Mae'r gwaith papur ynghlwm â thrin lorïau hefyd wedi cynyddu. Mae unrhyw waith ychwanegol arall a wneir yn y garej yn wasanaeth pwysig i'r gymuned ac mae cystal ag unrhyw hysbyseb.

Er ein bod yn trin ceir hefyd, rhaid mynd â nhw i Garej Pontllyfni i'w profi a byddwn yn mynd am Garej Ffôr i gael tanwydd a manion eraill. Mae'r modurdai lleol yn cydweithio'n dda hefo'i gilydd fel yma ac mae gan bob mecanic ryw wybodaeth i'w rannu ymysg y lleill.

Pwysigrwydd Iechyd a Diogelwch

Agwedd bwysig o waith unrhyw garej ydi Iechyd a Diogelwch. Rhaid bod yn ofalus iawn wrth ymdrin â cheir, bysiau a lorïau a sicrhau nad yw llawr y garej, er enghraifft, yn llithrig oherwydd olew neu ryw sylwedd arall. Mae tân hefyd, wrth reswm, yn rhywbeth nad yw yr un garej eisiau ei weld yn digwydd. Rhaid bod yn hynod o ofalus pe bai angen gweithio ar danc petrol neu ddiesel yn gollwng, er enghraifft. Mae eisiau gwneud yn sicr fod pob offer diffodd tân yn cael

Ar y ffordd lawr i'r 'pit' i gael golwg ar waelod y lori!

ei brofi'n gyson i wneud yn siŵr eu bod yn gweithio. Oherwydd ein bod hefyd yn gweithio gyda pheiriannau trwm, rhaid bod yn hynod o ofalus wrth godi neu symud offer. Hawdd iawn fyddai anafu'r cefn drwy ymlafnio a gwneud niwed parhaol. Dyna pam fod yn rhaid buddsoddi yn yr offer cywir i wneud gwaith trwm a bod yn ymwybodol sut i'w trin yn gywir.

Mae'n eithriadol bwysig cael digon o olau hefyd yn enwedig pan mae angen gweithio i lawr yn y 'pit' neu o dan lori. Gallai damwain ddigwydd pe na bai car neu lori wedi'i godi'n iawn gyda'r offer cywir ac mae eisiau sicrhau fod y giard ar beth o'r offer sydd yma mewn cyflwr da. Chawn ni ddim gwaredu hen deiars, olew gwastraff na batris ein hunain yn rhywle rywle. Daw cwmni o Lerpwl yma i'w casglu er mwyn eu gwaredu'n ddiogel.

Erbyn hyn, mae newidiadau mawr wedi digwydd yn y maes peiriannol a mecanyddol. Bellach, mae llawer o geir a lorïau yn ddibynnol ar yr electronigs ac o ganlyniad, cyfyd llawer o broblemau gyda'r dechnoleg hon. I ddweud y gwir, po fwyaf o electronigs sydd mewn cerbyd, mwyaf o siawns sydd i bethau fynd o'u lle! Nid yw'n hawdd yma yng nghefn gwlad i ymdopi â'r holl newidiadau ac mae costau ar gynnydd yn barhaol gan fod eisiau peiriannau arbenigol i ymdrin â nhw. O ganlyniad, efallai weithiau fod yn rhaid i ni yma fynd â lori, er enghraifft, at garej arall y tu hwnt i'r ardal i wneud y gwaith arbenigol. Yn ei dro, mae hyn yn cynyddu'r costau arnom ninnau ac nid oes dewis gennym wedyn ond ei drosglwyddo i'r cwsmer. Yn fy marn i, dydi'r wefr o fynd i'r afael â rhywbeth ddim yr un fath bellach. Y cyfnod gorau gen i oedd wyth degau a naw degau'r ganrif ddiwethaf cyn i'r petha' electroneg yma gael gafael go iawn.

Helyntion yn y garej

Un stori dda am y cyfnod pan oeddem yn gwerthu petrol yma ydi'r un am un o'n cwsmeriaid pan gafodd ryw ddamwain fach anarferol. Ar y pryd, dw i'n credu mai prentis o'r enw Steve oedd yn gweithio yma ac un o'i ddyletswyddau y diwrnod arbennig hwnnw oedd dosbarthu petrol i bwy bynnag ddeuai heibio. Roedd un o drigolion Llanaelhaearn wedi galw i mewn yn ei 'Miniclubman'. Tra eisteddai'r gŵr arbennig hwn yn ei gar, dyma Steve yn agor caead y tanc petrol a dechrau'i lenwi. Holodd faint o betrol oedd y gŵr ei angen ac oherwydd nad oedd y deial yn dangos faint oedd yn y tanc heb danio'r car, dyma'r gyrrwr yn troi'r goriad a thanio. Neidiodd y car bach yn ei flaen fel cangarŵ a'r beipen betrol yn dal yn sownd yn y tanc! Aeth y car ymlaen am rai llathenni cyn i'r gŵr sylweddoli'n union beth oedd wedi digwydd a wir i chi, roedd wedi tynnu'r pwmp petrol yn ei grynswth o'r blocyn concrid cyn dod i stop! Roedd Dylan a finnau yn ein dyblau'n gwylio'r cyfan a dyna lle'r oedd Steve a'r gŵr anffodus â'u cegau'n hongian yn methu credu beth oedd wedi digwydd. Wir i chi, roedd fel gwylio un o'r hen ffilmiau du a gwyn 'ma hefo actorion fel Buster Keaton ynddi. Wrth gwrs, gallasai fod wedi bod yn ddamwain eithriadol o beryglus pe bai llawer o betrol wedi llifo allan o'r tanc ac achosi tân efallai, ond diolch byth ni ddigwyddodd dim o'r fath.

Ar adegau, bydd galw i fynd allan at rywun sydd mewn trybini gyda'i gerbyd. Cofiaf orfod gwneud hynny a chymerodd ddiwrnod cyfan i wneud y gorchwyl. Un o ddyddiau eira mawr 1981 oedd hi a'r lôn wedi rhewi'n gorn o dan eira ac yn beryg bywyd. Roedd llu o gerbydau wedi methu dod i fyny i Lanaelhaearn a bu'n rhaid i Dylan a finnau fynd i'w helpu. Yn digwydd bod, roedd gen i hen lori brêcdown fawr a arferai berthyn i'r fyddin. Un o wneuthuriad Humber oedd hi gydag injan Rolls Royce ynddi. Buom wrthi yn llusgo ceir i fyny i'r pentref am Bwllheli am oriau. Yn wir, bu'n rhaid i Dylan gysgu yn Elidir y noson honno gan iddi fynd yn rhy hwyr iddo gychwyn am adref.

Ebrill 1998 – Llanaelhaearn

Cario plant i'r ysgol

Teithio ar fws Moto Coch oedden ni i'r ysgol ers talwm ac yn sicr i chi, mi fu hynny'n ysgogiad mawr i mi ymddiddori mewn bysiau. I ddweud y gwir, mae Cwmni Bysiau Moto Coch yn dal yn agos iawn at fy nghalon i. Wedi ymadael â'r ysgol, cefais wŷs gan y diweddar Walter Jones, Pwllheli. Y fo oedd y dyn â'r llysenw sarhaus braidd, 'Dyn hel plant i'r ysgol' a 'Dyn Traed Mawr' pan oedden ni'n blant, er na wn i ddim erbyn hyn a oedd ganddo draed mwy na'r cyffredin ychwaith! Mr Jones oedd y swyddog oedd yn gyfrifol am les plant y dyddiau hynny, ond cyn i chi amau mod i wedi gwneud rhywbeth o'i le, gofyn i mi wnaeth o oedd gen i ddiddordeb mewn cario plant ardal Sardis i gyfarfod y bỳs ysgol ym Mhencaenewydd. Does dim angen dyfalu beth oedd yr ateb!

Heddiw, mi fuasai rywun o'r adran Iechyd a Diogelwch wedi argymell rhoi fy nghardiau i mi'n syth achos doedd gen i ddim bỳs go iawn i ddanfon y plant. Yr hyn oedd gen i oedd hen fan Becws Glanrhyd, Llanaelhaearn gyda dwy fainc bren bob ochr a thamaid o garped yn y canol dan draed! Ymhen amser cefais afael ar fan arall o'r becws gan roi ffenestri ar ddwy ochr iddi. Wedi i Emrys Evans, Geufron gynt, Chwilog rŵan, roi'r gorau i ddanfon plant ysgol, cefais i ei gontract o yn ychwanegol gan ddanfon plant i Ysgol Hafod Lon, y Ffôr, Ysgol Llanaelhaearn ac Ysgol Trefor rhwng 1972 a 2000. Bu'r gwaith danfon plant i'r ysgol yn fantais fawr i un yn cychwyn busnes ar ei liwt ei hun gan fy mod i'n sicr o gael arian yn dod mewn yn fisol. Cofiwch, doeddwn i ddim yn un da iawn am gofnodi pethau ar bapur ac mae'r genod 'ma'n deud mod i'n dal yr un fath!

Erbyn hyn, nid wyf yn cario plant i'r ysgol yn ddyddiol. Gan fod gostyngiad wedi bod yn niferoedd plant, mae'r

Cael bỳs bach go iawn!

Cyngor Sir wedi ail-wampio y contractau a bellach mae cwmnïau sy'n teithio o gyfeiriadau eraill yn gallu codi'r plant. Beth amser yn ôl, roedd yn rhaid mynd i fyny i gyfeiriad Bryn Bychan Llangybi, Llanarmon, Pencoed, Llangybi ac yn y blaen, i godi plant, ond nid yw'n talu i wneud hyn heddiw. Mae gan Lillian drwydded i yrru bỳs hefyd ac ar un amser, roedd gofyn i'r ddau ohonom fynd allan yr un pryd i godi plant. Roedd Dylan hefyd ar alw i wneud y gwaith yma. Pan gychwynnodd Dylan yma, mewn dwy fan Bedford yr oedden ni'n codi'r plant.

Yr unig waith y bydda i'n ei wneud i ysgolion y dyddiau hyn ydi mynd a nhw yn ôl y galw i wersi nofio yng Nghanolfan

Cychwyn cario mwy!

Hamdden
Pwllheli ac i
gemau pêl-
droed, rygbi,
hoci ac yn y
blaen hwnt ac
yma. Gan fod
Eisteddfod
Genedlaethol
yr Urdd wedi ei
chynnal yma'n
Llŷn ac
Eifionydd ar
fwy nac un

Nia o flaen y bỳs Bedford

achlysur, rwyf wedi bod yn ddigon lwcus i gael contract i
gario plant a'u rhieni i ragbrofion ac yn y blaen.

Un bỳs yn cario naw ar hugain sydd gen i yma erbyn hyn.
Tair fu yma ar y mwyaf mewn un cyfnod. Fy nrwg i ydi mod
i'n dueddol o gadw bỳs neu gar neu fan am flynyddoedd.

Criw o blant ar gychwyn taith, tua'r 80au

49

Bỳs naw sedd ar hugain

Gwn fod hynny'n fai mawr arnaf ond os ydi rhywbeth yn plesio ac yn mynd fel wennol, be gaiff rhywun yn well! Pan fydd angen bỳs mwy arnaf, mae gennyf ddealltwriaeth hefo Cwmni Clynnog a Threfor a chaf logi un ganddynt. Dyna fyddaf yn ei wneud pan fyddwn yn mynd ar deithiau hefo Meibion Dwyfor.

Y bỳs bach ar ei ffordd lawr i'r Nant!

Ar adegau arbennig yn ystod y flwyddyn, bydd Canolfan Iaith Nant Gwrtheyrn yn cynnal gweithgareddau i'r cyhoedd megis y Ffair Nadolig hynod lwyddiannus neu nosweithiau difyr iawn yng nghwmni rhaï o sêr y byd adloniant yng Nghymru. Yn ystod y cyfnodau yma, byddaf yn rhedeg bỳs wennol i fyny ac i lawr o'r Nant i'r rhai sydd ddim eisiau mentro dreifio i lawr eu hunain neu ddim am gerdded. Bydd sefydliadau fel Merched y Wawr a Sefydliad y Merched eisiau eu hebrwng ar wahanol deithiau yn Llỳn ac Eifionydd ac ymhellach weithiau. Tasach chi'n clywed y sgrechian sydd yna weithiau o berfeddion y bỳs pan fydd angen mynd â'r merched lawr y lôn am Nant Gwrtheyrn a sawl un yn newid ei gwedd wrth edrych drwy'r ffenest dros y dibyn!

Ifan yn barod i fynd â'r bỳs ar y lôn

Yr Ymgymerwr Angladdau

Ym mis Hydref 1998 y penderfynais ychwanegu gwaith trefnu angladdau at fusnes y garej. Roedd hers yma ers blynyddoedd ac yn cael ei llogi i drefnwyr angladdau yr ardal. Fel mae'n digwydd, mae'r hen hers yn dal gen i yn Lodge ac yn dân ar groen Bob weithiau gan ei bod ar ei ffordd. Mi wnaf rywbeth yn ei chylch ryw ddiwrnod hwyrach.

Yr hen hers

Yn y dyddiau fu, roedd gan bron bob pentref ei drefnwr angladdau ei hun ond gyda threigl amser, prinhau fu eu hanes hwythau. Cam naturiol felly oedd i mi gymryd yr awennau, fel petae. Ni chefais unrhyw hyfforddiant swyddogol gyda'r busnes claddu dim ond dysgu wrth fynd ymlaen. Mae pob angladd yn wahanol, felly mae pethau i'w dysgu o bob un. Câf gymorth Nia, wrth gwrs, yn y gwaith hwn ac os bydd cyfnod hynod o brysur, daw fy ffrind Hugh

John Jones, Pontllyfni draw i roi arch wrth ei gilydd. I'r rhai ohonoch sy'n fy adnabod, rydach yn gwybod mai mewn cynhebryngau'n unig y byddaf yn tynnu fy nghap gwau!

Yn ddigon pwyllog y sefydlwyd y busnes angladdau ac euthum ati i fuddsoddi rhywfaint ynddo'n flynyddol fel ei fod wedi datblygu i'r hyn ydyw heddiw. Prynwyd hers well un flwyddyn a'r flwyddyn ganlynol, yn 2003, cafwyd caniatâd cynllunio i godi Ystafell Orffwys bwrpasol yma oedd yn atebol i ofynion y Crwner, a Derbynfa Ymgymerwr ynghlwm â'r garej. Sicrhawyd stoc o eirch ac yn y blaen a chael offer i hwyluso'r gwaith. Credwch neu beidio, ond ers i mi gychwyn ar yr agwedd yma o'n gwaith, mae effaith gordewdra hyd yn oed wedi effeithio ar y busnes. Mae cyrff wedi mynd yn fwy a thrymach ac o ganlyniad rydym wedi gorfod cael offer cryfach at y gwaith.

Bu'n rhaid wrth lafur caled i sefydlu'r agwedd hwn o'r busnes ac i gael enw da yn yr ardal. I sicrhau parhâd hyn, credwn ei bod yn bwysig ein bod yn gwrando ar ein cwsmeriaid ac yn medru creu y ffarwel olaf perffaith ar gyfer yr ymadawedig yn unol â'u dymuniad ar achlysur mor drist. Dyna pam ein bod yn pwysleisio mai Gwasanaeth Angladdol pedair awr ar hugain sydd gennym fel ein bod ar alw unrhyw amser o'r dydd a'r nos. Rydym yn medru paratoi popeth o'r arch o ddewis y cwsmeriaid i'r blodau perffaith a llawer iawn mwy, yn cynnwys ymweld â'r Ystafell Orffwys os mai dyna ddymuniad teulu. Mewn geiriau eraill, gallwn drefnu'r cyfan a chredwn fod hyn yn ysgafnhau llawer ar deulu a chydnabod ar adeg anodd, fel nad ydynt hwy yn gorfod chwilio fan hyn a fan draw i wneud y trefniadau mewn cyfnod o alar. Ceisiwn wneud y cyfan yn urddasol a phroffesiynol.

Hugh, fel y cyfeiriais ato eisioes, sy'n rhoi'r eirch at ei gilydd. Gallwn gynnig amrywiaeth o eirch hefyd. Yr eirch derw traddodiadol gaiff eu dewis fynychaf ond gallwn hyd yn oed gynnig rhai gyda phatrwm arbennig yn unol â dymuniad y teulu, megis un â'r Ddraig Goch arni. Yn ddiweddar, mae'r galw am eirch 'gwyrdd' wedi cynyddu ac yn hyn o beth, gallwn drefnu casgedi o bren helyg plethog ar gyfer claddedigaethau mewn coedwigoedd pwrpasol.

Cyd-ddigwyddiad, dro yn ôl bellach, oedd i mrawd Edwin ddod ar draws rhywun diddorol mewn cynhebrwng. Mae Edwin yn weinidog ar chwe eglwys yn ardal y Drenewydd a Llanbryn-mair a gofynnwyd iddo wasanaethu yn y cynhebrwng arbennig hwn yn Aberystwyth. Tra oedd yn sgwrsio â'r ymgymerwr, D. J. Evans o ardal Aberystwyth, sylweddolwyd fod gan y ddau rywbeth yn gyffedin. Roedd yr ymgymerwr wedi'i fagu yn Nhrallwyn gyda Hugh a Mali ac ers hynny mae o wedi bod i fyny yma yn fy ngweld. Rhyfedd o fyd, ynte?

Bu camerâu S4C yma yn ystod 2014 yn ffilmio yr ochr angladdol o Garej Ceiri ar gyfer y rhaglen 'Traed Lan'. Profiad od oedd cael Nia Parry yma'n ein holi. Fel arfer, mae rhywun yn ei gweld hi yn wên o glust i glust yn cyflwyno rhaglenni dysgu Cymraeg ar y teledu, ond roedd gofyn iddi fod yn llawer mwy syber wrth holi ar gyfer yn rhaglen hon!

Bellach, mae un mlynedd ar bymtheg wedi mynd heibio ers i mi wneud gwaith ymgymerwr. Mae'r gwaith hwn yn llawer ysgafnach na thrin lorïau wrth reswm, ac efallai – wrth fynd yn hŷn – mai canolbwyntio ar yr agwedd yma o'r busnes y byddaf. Amser a ddengys.

Y dyn llefrith a phapur newydd

Ers wyth degau'r ganrif ddiwethaf, rydw i wedi bod yn morol fod pobl Llanaelhaearn yn derbyn eu papurau newydd yn ddyddiol. Y fi hefyd sy'n gwneud yn siŵr eu bod yn cael eu llefrith ers 2007. Bydd fy niwrnod gwaith yn dechrau fel arfer tua hanner awr wedi pedwar y bore pan fydda i'n gadael y tŷ am y 'siop' yn y garej i roi trefn ar y papurau newydd sydd i'w dychwelyd i'r cyfanwerthwr o'r diwrnod blaenorol. Nid yw mynd ati i weithio'n blygeiniol yn poeni dim arna i achos ben bore ydi fy hoff amser o'r dydd. Rydw i'n fwy o ehedydd y bore nac o dylluan y nos! Rhwng hanner awr wedi pump a chwech, bydd papurau'r diwrnod newydd yn cyrraedd. Yn y cyfnod sydd gen i cyn i'r papurau newydd gyrraedd, byddaf wedi bod yn ffatri Rhydygwystl yn nôl llefrith.

Yn y dyddiau pan oedd Hufenfa De Arfon yn dosbarthu llefrith, gadewid cyflenwad y pentref yma'n y garej, ond ers i'r cwmni newydd, Cotteswold o ardal Tewkesbury, gymryd drosodd, rhaid i mi fynd i'r ffatri i'w nôl. Byddaf wedyn yn dosbarthu'r llefrith o amgylch Llanaelhaearn a'r ysgol ac ychydig o dai yn Nhrefor. Yna byddaf yn dychwelyd at y papurau a'u rhannu i wahanol focsys ar gyfer trigolion pentrefi eraill a'u danfon yr un pryd â'r llefrith ar ddyddiau penodol. Dydd Llun ydi diwrnod Trefor a Llanaelhaearn, Dydd Mawrth i Lanaelhaearn, Pencaenewydd a Sardis, Dydd Mercher fel y Llun, Dydd Iau fel Mawrth, Dydd Gwener fel Llun a Dydd Sadwrn am Lanaelhaearn, Pencaenewydd a Llangybi. Efallai ei fod o'n swnio'n ddryslyd i chi, ond mae'n gweithio i'r dim gen i! Fel arfer, byddaf wedi gorffen rhwng saith a chwarter wedi ac yn edrych mlaen i gael panad a thamaid o frecwast a chyfle am sgwrs hefo Lillian cyn cychwyn ar waith y dydd yn y garej.

Mae gwneud y gwaith yma'n bwysig iawn yn fy meddwl i achos mae'n help i gadw cymuned cefn gwlad yn hyfyw. Heb gymuned, byddai'n dlawd iawn a digon diflas arnom.

Anturio hefo Marilyn!

Mae cael hebrwng Marilyn Adams o Chwilog ar daith i rywle yn falm i'r enaid go iawn. Does wybod beth sydd o'ch blaen pan fydd Marilyn ar y daith. Cofiaf hebrwng Cymdeithas Capel Chwilog i Gapel Salem, Cefn Cymerau, Meirionnydd a anfarwolwyd yn llun enwog Curnow Vosper ac wrth gwrs yn y soned i'r capel bach gan T. Rowland Hughes. Y trefniant oedd cael sgwrs a hanes llun Salem a'r capel a'r ardal ac wedyn mynd am swper bach a chael cyfle i gymdeithasu. Wrth gwrs, roedd gan Marilyn 'syrpreis' bach fel sy'n digwydd o hyd yn ei chwmni. Ar noson braf o haf, yr hyn oedd ganddi'r tro hwn oedd hufen iâ i bawb. Ond roedd yna broblem go felys a gludiog. Roedd Marilyn wedi dod â gormod o hufen iâ hefo hi a phawb wedi cael llond eu boliau ohono fel roedd hi. Roedd yr hufen iâ erbyn hyn hefyd wedi dechrau toddi. Beth bynnag i chi, ar y ffordd yn ôl adref dyma Marilyn yn gweld criw o bobl yn gwersylla a gwaeddodd arnaf i stopio'r bỳs. Rhyw griw digon rhyfedd oeddent i ddeud y gwir – tebycach i dinceriaid neu hipis. Roeddent newydd gynnau tân a mwg mawr yn codi i'r entrychion. I ddeud y gwir, roedd eu crwyn yr un lliw â'r mwg! Dyma agor drws y bỳs a Marilyn yn gweiddi arnynt yn ei Saesneg Chwilog gorau,

'Dŵ iw want ais crîm wudd iôr sypyr?'

Daeth rhyw greadur hefo plethen fawr i lawr ei gefn at Marilyn a chymryd yr hufen iâ. Roedd pawb ar y bỳs yn rowlio chwerthin wrth weld Marilyn yn traethu hefo'r gŵr. Wrth gychwyn yn ein blaenau ar y daith, roedd y gwersyllwyr i gyd yn codi dwylo mawr arnom fel tasa'r hufen iâ wedi ymddangos fel manna o'r nefoedd iddynt. Mae'n siŵr eu bod nhw'n gweld Marilyn fel santes.

Dro arall, roedd Marilyn wedi trefnu taith am Ben-y-groes ac ymlaen i Ryd-ddu, Beddgelert, Aberglaslyn a swper gwerth chweil wedyn yn Nhremadog cyn ei throi hi am adref. Roedd y bỳs yn aros yma ac acw i gael peth o hanes y fro a chyfle i ymestyn y coesau a thynnu lluniau. Fel bydd hi'n ei wneud o hyd, roedd Marilyn wedi trefnu raffl. Rhaid i mi ddweud yma fod Marilyn yn wraig egwyddorol iawn ac os ydi'r daith yn un wedi ei threfnu ar ran y capel, fydd hi ddim yn gwerthu tocynnau raffl ond yn hytrach yn eu rhoi i bawb ar y bỳs! Beth bynnag, wedi i bawb gael digon i'w fwyta yn Nhremadog dyma ddechrau tynnu'r raffl. Y rhif cyntaf dynnwyd oedd un Mrs Owen, Tyn Gors, Llanarmon ac fe gafodd gacen felan hyfryd iawn yr olwg wedi'i choginio gan Marilyn ei hun, wrth reswm. Tynnwyd mwy o rafflau gyda'r gwobrau'n mynd yn llai ac yn ddiwerth wrth ddod at y diwedd ac yn cynnwys pethau fel car bach plastig a beiro. Cyn cwblhau'r tynnu raffl, sylweddolwyd nad oedd digon o wobrau a dyma Marilyn heb betruso yn mynd at Mrs Owen a chymryd y gacen felan oddi arni gan ddweud,

'Dydach chi ddim ishio hi nac ydach a neith hi ddim lles i'ch ffigyr chi!'

Wel, tasach chi wedi gweld wyneb Mrs Owen a phawb yn glanna' chwerthin! Ond nid oedd Marilyn am wneud tro sâl â neb achos beth oedd ganddi oedd cacen arall wedi'i chuddio a rhoddodd honno i Mrs Owen. Roedd Marilyn yn gwybod yn iawn beth oedd hi'n wneud o'r cychwyn chwarae teg iddi.

Mae Marilyn wrth ei bodd yn trefnu teithiau hwnt ac yma ac mae ar ben ei digon pan ddaw cyfle i fynd am wythnos o wyliau ar Ynys Enlli. Y fi sy'n cael y gwaith o'i hebrwng hi a'i ffrindiau i gyfarfod y cwch ym Mhorth Meudwy, Aberdaron ac i'w nôl wedyn ymhen wythnos – os bydd y Swnt yn caniatau. Un waith cefais anrheg ganddi o Enlli. Mewn bocs marjarîn oedd yr anrheg a minnau'n dyfalu bod Marilyn wedi gwneud ryw gacen fach flasus neu ei chrempog hyfryd i mi, o wybod mor ddeheuig ydi hi am goginio. Ond am hen dro – pan agorais y caead beth oedd yno ond tocyn mawr o faw defaid! Doedd gan Enlli ddim byd gwell i'w gynnig i mi, meddai Marilyn!

Os oes rhywun yn haeddu cael ei alw'n halen y ddaear, wel Marilyn Adams ydi honno. Pe bai'r hen drefn o gael condyctor ar fŷs yn dal mewn bodolaeth, mi faswn i'n cyflogi Marilyn heb feddwl ddwywaith. Gallaf eich sicrhau y byddai gwên ar wyneb pawb fyddai'n teithio ar y bŷs.

Y Cywennod a'r Ceiliogod Priodasol!

Weithiau daw ffrindiau darpar ŵr neu wraig ataf i drefnu mynd â nhw ar daith o amgylch tafarndai Llŷn ac Eifionydd a thu hwnt i brofi'r cyfnod olaf o ryddid cyn priodi a setlo – a challio, gobeithio! Mae llawer mwy o deithiau cywennod na cheiliogod yn cael eu trefnu am ryw reswm. Mae'n siŵr fod y merched yn gwybod yr af â nhw i gyd adref yn ddiogel ar ddiwedd y dydd, neu'r nos fynychaf.

Cofiaf un parti cywennod yn arbennig. Aberystwyth oedd y gyrchfan ar y diwrnod ac roedd eisiau aros a chael hoe mewn ambell dafarn ar y ffordd lawr. Penderfynodd un o'r merched mai'r her am y diwrnod oedd dwyn rhywbeth bach o bob tŷ potas! Choeliwch chi ddim faint o bethau gwahanol gasglwyd ganddynt erbyn diwedd y dydd. Roedd y bỳs yn gwegian dan bwysau cyllyll, ffyrc, llwyau, matiau cwrw, matiau bar, gwydrau gwin, gwydrau cwrw, bylbiau golau, papur tŷ bach, sebon a hyd yn oed ambarel haul fawr. Credwch neu beidio, ond erbyn heddiw, mae'r merched hyn yn athrawon a gwragedd fferm parchus. Sobrwydd mawr!

Daw galwadau cyffelyb i ddanfon partïon pen-blwydd hefyd. Mae rhai yn ddigon tawel a pharchus tra bo eraill yn griw swnllyd o ddynion a merched mewn gwisg ffansi. Sawl tro yr wyf wedi hebrwng heidiau o gorachod gwyrdd, anifeiliad gwyllt, dilynwyr ffasiwn rhyw ddegawd neu'i gilydd ac yn y blaen. O ble mae pobl yn cael y syniadau hyn, wn i ddim. O oes, mae yna ddigon o hwyl i'w gael.

Ydw, rydw i wedi cael aml i daith ddifyr tu hwnt a phe bai raid i mi ddewis un, mae'n debyg mae'r un wnaethpwyd i'r Alban hefo Meibion Dwyfor yn 1993 oedd hi. Roedd yn golygu dipyn o waith dreifio ond mwynheais weld lleoedd diddorol fel Caeredin, Perth a Sterling. Mae rhannau o'r Alban mor debyg i gefn gwlad Cymru ac fe fyddaf yn teimlo'n reit gartrefol pan ddaw cyfle i fynd ar daith yno.

Pwysigrwydd diddordebau

Pan fo rhywun yn gweithio, hawdd iawn ydi gadael i'r gwaith fynd yn drech na chi a gadael iddo reoli'ch bywyd. Mae cael diddordebau a chyfle i ymlacio yn hanfodol bwysig i mi. Nid oes yma yr un ci na chath gan na fyddai gen i yr awydd na'r amser i edrych ar eu hôl. Er mod i'n fab fferm, does gen i ddim llawer i'w ddweud wrth anifeiliaid chwaith – er mod i'n mwynhau mynd i helpu Wil, Bob ac Aled yn Lodge i gario gwair. Llwyddais i yrru'r tractor a'i droi drosodd i'r ffos un tro nes oedd y llwyth gwair ym mhob man ac aeth hynny ddim i lawr yn dda iawn, coeliwch fi.

Peiriannau ydi mhethau i. Mae gen i ambell hen dractor a char hyd y fan yma a phan fydd gen i gyfle, byddaf wrth fy modd yn mynd atynt i'w hadfer yn y gobaith y byddaf yn llwyddo i'w gwneud i edrych fel newydd unwaith yn rhagor. Mae gen i hen injan olew neu ddwy hefyd ac rydw i wedi

Gilbern GT. Un o'r ceir a gynhyrchwyd yng Nghymru mewn ffatri yn Llantwit Fardre, Pontypridd rhwng 1959-1973

Escort Mk 11 wedi cael côt o baent newydd

cadw un o arwyddion yr hen bympiau petrol sydd yn cofnodi'r pris o £1.28 y galwyn cofiwch!

Ar un adeg bu yma gar MGB GT o eiddo Dylan. Mae

Cael seibiant ar y daith i Tobermorey

dipyn o hanes i'r car hwn. Roedd Dylan a Helen ei wraig, neu ei ddarpar wraig bryd hynny, wedi mynd i Tobermorey ar Ynys Mull. Gwelodd Dylan hen MGB ar werth yno a phrynodd o yn y fan a'r lle gan ŵr o'r enw Mr Black. Fel arfer pan mae rhywun yn mynd ar wyliau, mae popeth brynwch chi yn dod adref hefo chi yn y cês ond fedrai Dylan ddim gwneud hynny hefo MGB. Doedd dim amdani ond trefnu i nôl y car wedyn. Euthum i fyny hefo

Dylan yn y pic-yp Subaru â ffrâm-A tu ôl iddi. Wel sôn am daith hir! Buom yn teithio drwy'r dydd a'r nos cyn cyrraedd yno. Un fantais tra oeddem yno oedd i ni bicio i weld Margaret Eleias, Tŷ Hir gynt, oedd yn byw yn y cyffiniau ar y pryd a chael panad a hoe fach hefo hi cyn ei throi am adref.

Yr MGB wedi'i adfer i'w ogoniant gwreiddiol

Buom wrthi wedyn yn trin a thrafod yr MGB. Dylan, wrth gwrs, wnaeth y mwyafrif o waith arno a chymerodd ddeng mlynedd i gwblhau'r dasg ac erbyn hynny roedd

Euros yn disgwyl am chwistrelliad o baent drosto, 1991

ganddo wraig ac efeilliaid, Fflur a Glesni. Y fi gafodd y gwaith o chwistrellu'r car i'w liw glas gwreiddiol. Rydw i wrth fy modd yn chwistrellu cerbydau a dweud y gwir. Edrychai'r MGB fel car newydd erbyn i ni orffen hefo fo ac roedd Dylan wrth ei fodd yn mynd â'r teulu am dro ynddo. Gan mai gweddol fychan oedd Fflur a Glesni ar y pryd roedden nhw'n gallu eistedd yn gyfforddus yn y cefn a Helen fel brenhines yn y tu blaen. Beth bynnag, yn 1999 aeth Dylan yn ôl i fyny yn yr MGB i ddangos y car i Mr Black. Yn y diwedd, fodd bynnag, gwerthodd Dylan y car i ŵr o Ddulyn a choeliwch neu beidio ond Cymro oedd o yn dod yn wreiddiol o Ben-y-groes.

Prynais gar gan Aneirin Jones sef MG 1000 deuliw gyda phlât rhif DCC 560D arno. Mae'r car yn dal gennyf ond mod i wedi cyfnewid y platiau. Bellach CCC 159 sydd arno sef un o rifau platiau 'mini fan' o eiddo Cyngor Gwynedd neu yr hen Gyngor Sir Caernarfon ers talwm. Rhyw ddiwrnod cewch fy ngweld yn gyrru ar hyd y lle yn y car yma hwyrach.

Hen gar Aneirin Jones

Gan mod i'n cadw garej, fasach chi'n meddwl fod gen i chwip o gar ond dydw i erioed wedi bod yn un am ryw sbif o gerbyd. Suzuki bach sydd gen i ar hyn o bryd ac un clyfar ydi o hefyd. Mae yma fan, wrth gwrs, ac un neu ddau o gerbydau eraill y byddaf yn eu defnyddio weithiau. Rydw i wrth fy modd yn glanhau car pan fydd amser yn caniatau. Mae rhywbeth yn smart iawn mewn car, waeth faint fydd ei oed, cyn belled â'i fod yn sgleinio fel swllt. Fy nghar delfrydol fuasai Jaguar ond ddim un newydd sbon chwaith – un smart fel un Inspector Morse fasa'n gwneud i mi. Rhyw ddiwrnod, efallai daw cyfle i mi gael un.

Rydw i wedi cael ryw chwilen fach yn fy mhen yn ddiweddar i roi rhifau personol ar rai o'r ceir yma erbyn hyn. Mae'r ddwy hers, y car mawr sy'n cario saith a Ford Ka bach bellach yn cario'r rhifau C14 UWS, C15 UWS, C16 UWS ac L14 UWS!

Y rhif personol ar un o'r ceir

Cwmnïaeth teulu

Priodas Nia 2011 – Einir, Nia, Euros

Yn naturiol, mae'r teulu'n hanfodol bwysig i mi ac mae cael

Gwion a Ianto – y ddau ŵyr 2012

mwynhau cwmnïaeth y plant a'r ddau ŵyr yn bleser pur. Mae Gwion a Ianto'n dipyn o gymeriadau a phwy a ŵyr, hwyrach y byddan nhw'n gweithio yn Garej Ceiri ryw ddiwrnod. O ia, a Lillian. Rhaid i mi beidio ei hanwybyddu hi neu gwae fi! Chwarae teg, rydan ni'n deall ein gilydd yn reit dda ac mae'n barod iawn i helpu hefo'r papurau newydd, cadw golwg ar y lle ac yn y blaen, heb sôn am wneud yn siŵr fod digon o baneidiau ar gael yn y garej a gwneud prydau bwyd i mi. Weithiau, byddaf yn cael fy ngalw allan at ryw gerbyd mewn trybini fel mae'n agosáu at amser cinio, ond bydd Lillian wedi llwyddo i gadw mwyd i'n gynnes waeth pa amser o'r dydd y byddaf yn dychwelyd.

Y ddau ŵyr – Gwion a Ianto 2013

Byddaf yn gwrando llawer iawn ar Radio Cymru ar raglenni fel 'Talwrn y Beirdd,' 'Ar eich Cais' a beth bynnag fydd ymlaen arni wrth weithio i ddweud y gwir. Does gen i ddim i'w ddweud wrth deledu i fod yn hollol onest. Ychydig iawn, iawn o raglenni y byddaf yn eu gwylio. Mae 'Cefn Gwlad' yn un o fy hoff raglenni a byddaf yn gweld ambell raglen ddogfen yn ddigon difyr. Os dywed rhywun wrthyf eu bod wedi gwylio rhyw raglen eithaf diddorol, byddaf yn edrych arni ar y peth 'Clic' yma ar y cyfrifiadur neu'r 'I-player.' Pan fydda i'n mynd ar daith hir mewn car, byddaf yn hoffi gwrando ar gryno-ddisgiau Cymry fel Tom Gwanas, Bryn Terfel, John Eifion a Rhys Meirion i enwi ond ychydig. Rhaid i mi gofio ychwanegu mod i'n gwrando ar Feibion Dwyfor hefyd!

Credwch neu beidio, ond un sâl ar y naw ydw i am hel tai heblaw yn rhinwedd un o fy swyddi. Well gen i fod adra a gadael i bawb alw draw. I fod yn gwbl onest, un o fy hoff siwrneiau ydi ar y ffordd adref o rywle, yn enwedig os byddaf wedi bod ar daith hir hefo'r bỳs.

Helpu i lwytho car Datsun 240Z yr oedd Dylan wedi ei brynu
i'w adfer i'w ogoniant gwreiddiol

Y Beiciwr

Ifan y beiciwr!

Rwyf yn eithaf hoff o feicio ers cyfnod plentyndod i ddweud y gwir. Nid yn unig mae o'n cadw'r corff yn heini, ond yr ydw i'n cael pleser o grwydro lonydd bach Llŷn ac Eifionydd yn mwynhau'r tawelwch a'r rhyddid a sgwrsio hefo hwn a llall pan fyddaf yn eu gweld yn eu cynefin. Mae beicio'n beth cymdeithasol iawn, fel cerdded wrth gwrs, oherwydd dydach chi ddim yn rhuthro heibio fel basach chi yn y car. Weithiau bydd ambell un o fy nheithiau beicio wedi cymryd llawer mwy o amser nag a ddylai oherwydd mod i wedi gweld rhywun ac wedi sgwrsio'n llawer rhy hir hefo nhw. Byddaf yn gorfod ei phadlo hi fel coblyn am adra wedyn.

Yn ôl yn 1997 fe wnes daith noddedig o Lanaelhaearn i Gaernarfon ac yn ôl, ar feic tipyn o oed gydag olwynion wyth modfedd ar hugain arno. Roeddwn wedi cael y beic gan fy ewythr, y diweddar Ifan Refail ac roedd gen i dipyn o feddwl ohono. Pwrpas y daith oedd i godi arian i bwyllgor Eisteddfod Gadeiriol Aelhaearn i brynu cadair i'r bardd buddugol yn yr eisteddfod y flwyddyn honno. Cofiaf y diwrnod yn dda achos roedd hi'n bwrw hen wragedd a ffyn go iawn yn y bore pan gychwynnwyd am chwarter wedi naw. Ond fe altrodd y tywydd wrth i'r diwrnod fynd yn ei flaen diolch i'r drefn, ac roedd hi'n llawer gwell erbyn i mi gyrraedd Caernarfon am hanner awr wedi deg. Wedi rhyw hanner awr o hoe, dyma gychwyn yn ôl gan gyrraedd Llanaelhaearn am ugain munud wedi un. Braf oedd gweld criw yn fy nisgwyl a chael sgram go iawn i ginio wedyn. Yn sgîl y daith hon, daeth camerâu S4C i'r pentref i sgwrsio am yr eisteddfod gyda'r swyddogion y flwyddyn honno sef Eunice Jones, Tegfan (cadeirydd); Morfudd Jones, Isallt (un o'r ysgrifenyddion) a Mary C. Jones (trysorydd).

Y beic holl bwysig ar werth

Mae 'na stori arall am y beic hwn hefyd. Yn y mis Awst canlynol roeddwn wedi mynd am yr Eisteddfod Genedlaethol gan adael y garej yng ngofal Dylan. Pan ddeuthum yn ôl o'r eisteddfod y peth cyntaf a welais tu allan y garej oedd lori â 'meic i ar ei chefn ac arwydd mawr 'For Sale' uwch ei ben. Dangos na fedrwch chi ddim dibynnu ar neb yn dydi! Dylwn fod wedi rhoi ei gardiau iddo'n syth!

Cystadlu mewn Triathlon

Rwyf hefyd wedi cymryd rhan yng nghystadleuaeth Triathlon Pwllheli ddwy waith yn 2012 a 2013. Wn i ddim o ble ges i'r syniad o gystadlu mewn triathlon ond roedd y ffaith mod i'n hoff o feicio yn rhan o'r peth. Dydi reidio beic i'w rasio ddim mor bleserus ychwaith â phadlo'n hamddenol ar fy nheithiau fy hun. Ond er hynny, unwaith mae syniad wedi gafael ynof, rhaid i mi weithredu arno. Rhaid cael tîm o dri gydag un yn rhedeg pum cilomedr, un arall yn nofio pedwar can medr a'r llall yn beicio ugain cilomedr. Einir ydi yr un sydd yn rhedeg. Bydd Einir yn rhedeg yn gyson i gadw'n heini ac yn cael pleser o wneud hynny gan ei bod yn cael dilyn ei thrwyn a rhedeg ar hyd rhyw lonydd bach cefn difyr a gweld hyn a llall ac arall, medda hi – fel finna ar y beic. Louise Harding o ardal Cwm Lliniau, Machynlleth a chariad Euros, ydi'r nofwraig. Mae Louise yn nofwraig heb ei hail a bu'n gweithio am gyfnod fel hyfforddwraig nofio yng Nghanolfan Hamdden Machynlleth. Rydym hefyd wedi mentro Triathlon Machynlleth un waith yn 2013. Mae gofyn bod yn heini iawn i wneud y campau hyn ac mae eisiau ymarfer yn gyson. O'm rhan i, nid yw'n bosib mynd allan bob diwrnod i ymarfer ond byddaf yn ceisio gwneud cymaint â phosib fwrw Sul. Nid ydym ychwaith yn cystadlu er mwyn ennill, er ein bod yn hoffi cael gwybod faint yn union o amser mae hi wedi'i gymryd i gwblhau'r triathlon.

Triathlon Pwllheli 2013
Louise – nofio; Ifan – beicio; Einir – rhedeg

Cymdeithas y Capel

Rhaid i mi gyfaddef fy mod wrth fy modd yn mynychu Cymdeithas Lenyddol Pencaenewydd. Mae hi'n Gymdeithas lwyddiannus iawn ac wedi bod felly ers blynyddoedd meithion. I mi, mae'n fraint eithriadol cael bod yn llywydd arni eleni. Fedrai ddim meddwl peidio mynychu'r Gymdeithas achos mae teulu Lodge wedi bod yn gymaint rhan ohoni ers pan dw i'n cofio. Caiff pob math o gyfarfodydd diwylliannol eu cynnal yno boed yn ddarlith, pregeth, sgwrs anffurfiol, noson goffi, cyngerdd, eisteddfod, helfa drysor i enwi ond ychydig.

Capel Pencaenewydd

Y Canwr a'r Cystadleuydd Brwd

Byddwn yn cystadlu llawer ar ganu ac adrodd pan yn ifanc. O ochr Mam yr etifeddais y pleser o ganu. Roedd ei mam hithau sef Nain Refail, yn gantores dda iawn ac roedd gan frodyr a chwiorydd Mam leisiau da hefyd. Y tro diwethaf i mi gystadlu'n unigol oedd yn Eisteddfod Gadeiriol Llanaelhaearn gryn dipyn o flynyddoedd yn ôl bellach. Wedi cael fy herio oeddwn i gan y diweddar Emyr Parry, Tegfan, y rhoddai bunt i mi am gystadlu. Ymgeisiais ar yr alaw werin a daeth tri ohonom ymlaen i gystadlu: John Eifion, Hendre Cennin oedd un, a'r un ddaeth i'r brig oedd ryw foi o Bantglas o'r enw Bryn Terfel. Trydydd gefais i, gyda llaw, ond roeddwn yn ddigon bodlon ar fy mherfformiad. Ges i'r buntan am gystadlu sy'n beth arall! Mae gen i ryw frith gof hefyd i mi guro'r boi Terfel 'ma mewn rhyw eisteddfod leol flynyddoedd meithion yn ôl bellach, pan oedd o'n ryw gwbyn bach!

Mae rhai o fy mherthnasau yn llawer mwy hyderus na mi ar ganu'n unigol ar lwyfan ac yn aml iawn yn cadw cyngherddau neu'n cystadlu mewn eisteddfodau hwnt ac yma megis Seimon Menai o deulu Brychyni a Siân Eirian, Mynachdy Bach. Yng nghyfnod fy mhlentyndod byddai eisteddfod yn cael ei chynnal yn flynyddol yn y capel ac nid oedd ddewis ond cystadlu yn honno. Wedyn, deuai Eisteddfod y Groglith ymhen ychydig ar ei hôl lle byddai capeli'r ofalaeth yn cystadlu'n erbyn ei gilydd. Mae Eisteddfod y Groglith wedi dal ei thir er mai gwan iawn ydi'r cystadlu yno erbyn hyn.

Yn flynyddol, byddaf yn cymryd rhan yn y gystadleuaeth i bedwarawdau yn Eisteddfod y Groglith. Aelodau eraill y capel fydd hefo fi'n y pedwarawd. Does dim dal pwy fydd y soprano na'r alto o flwyddyn i flwyddyn ond Maldwyn

Williams, neu Monti i'w ffrindiau, fydd yn canu'r tenor. Mae Monti'n aelod o Feibion Dwyfor yn ogystal. Ni fyddwn yn paratoi ryw lawer ymlaen llaw i ddweud y gwir, dim ond cyfarfod ryw ddwywaith neu dair cyn dyddiad y perfformiad a chanu emyn fydd yn weddol wybyddus i ni'n pedwar. Mae hi'n gallu mynd yn draed moch weithiau, yn enwedig os ydi un ohonom yn colli ei nodyn ac o ganlyniad yn canu'n gyfan gwbl allan o diwn. Er hynny, cawn ddigon o sbort a chofiaf un eisteddfod yng Nghapel Pencaenewydd yn ddiweddar pan alwyd ar y pedwarawdau i'r llwyfan. Dyma godi o'r gynulleidfa a gosod ein hunain yn dalog ar y llwyfan a sylweddoli mai dim ond tri oedd yno. Roedd Monti ar goll! Bu'n rhaid i rywun redeg i'w dŷ i'w nôl a dyna lle'r oedd o wedi ei gadael hi'n rhy hwyr cyn cyrraedd adref o rywle ac yn rhuthro i wneud ei hun yn barod i ganu wedyn. Fedra i ddim cofio os gwnaethom ni ennill ychwaith – go brin a'r beirniad wedi gorfod aros amdanom. Diolch nad yn Neuadd Chwilog roedd y steddfod yn cael ei chynnal y flwyddyn honno. Oes mae 'na hwyl i'w gael cyn belled nad ydach yn cymryd eich hun ormod o ddifrif.

Rwyf wedi canu ambell ddeuawd hefo Einir hefyd. Bob blwyddyn, byddaf yn trefnu ryw gyfarfod bach Nadoligaidd yng Nghapel Llanaelhaearn a bydd Einir a fi'n cymryd rhan ymhlith eraill. Yr un gân Nadoligaidd fydd Einir a fi'n ganu sef 'Wyt ti'n cofio nos Nadolig' –oherwydd diffyg amser paratoi, yn amlach na pheidio ar ran y ddau ohonom. Cofiwch, does neb eto wedi dweud wrthym eu bod wedi 'laru gwrando arnom yn canu yr un peth o hyd.

'Pwy sy'n dŵad dros y bryn . . . ?'

Oherwydd fy locsyn mae'n debyg, rydw i wedi cyflawni swydd Siôn Corn aml i dro erbyn hyn. Yn y gorffennol, rydw i wedi cael galwad i Ysgol Sul Pencaenewydd a Bryncir yn ogystal ac Ysgol Llanaelhaearn pan oedd y plant yma'n ddisgyblion yno, er na wnaeth yr un ohonynt erioed amau hyd y gwn i. Yn wir roedd Einir yn ei harddegau pan ddeallodd gan ei mam mai fi oedd yr un yn cyflawni'r orchwyl. Rwyf yn dal i gael galwad flynyddol i Ysgol Hafod Lon yn y Ffôr. Rydw i'n mwynhau gweld wynebau'r hen blant yn wên o glust i glust pan ddof drwy'r drws â'r sach ar fy nghefn. A na, rhag ofn eich bod yn dyfalu – fyddai ddim yn gorfod rhoi gwasanaeth i'r sled yn y garej. Mae honno'n gofalu amdani ei hun!

Meibion Dwyfor

Nos Fercher ydi noson fawr yr wythnos i mi – noson ymarfer Côr Meibion Dwyfor. Hon ydi'r noson yr wyf yn cael bod ar fy nhraed yn hwyr hefyd fel petae. Gan mod i'n gorfod codi mor fore hefo'r papurau newydd a'r llefrith, yr wyf fel arfer yn mynd i ngwely rhwng wyth a naw o'r gloch, ond ar nos Fercher, fe fydd hi'n ddeg arnaf i.

Yr wyf wrth fy modd yn cael bod yn aelod o'r côr a fi erbyn hyn ydi'r ysgrifennydd. Dydi hon ddim yn swydd i'w gwneud ar chwarae bach ac mae angen bod yn ofalus iawn mod i'n cofnodi dyddiadau cyngherddau ac yn y blaen yn ofalus a threfnus. Tipyn o drafferth i rywun sydd ddim yn hoff iawn o waith papur! Fyddai dim yn waeth na chyrraedd rhywle ar y noson anghywir neu gyrraedd hanner awr yn hwyr. Os byddwn yn mynd ymhell i rywle, siawns nad oes gennych syniad go lew pwy fydd yn gyrru'r bỳs. Yn ôl ym mis

*Yn Ffrainc efo Meibion Dwyfor tua 2000-01 –
mae 'na dai bach digon rhyfedd dramor!*

York Burn Hall Hotel
Tollerton Road
Huby
York
YO61 1JB
01347 825400

Church Of The English Martyrs
Dalton Terrace
York
YO24 4DA

CÔR MEIRION DWYFOR

Taith Efrog
24 i 27 Hydref
2014

Dydd Gwener
24 Hydref

TEITHIO I EFROG

11.45 - Llanaelhaearn

11.50 - Y Ffôr (Groesffordd)

12.00 - Chwilog (Tŷ Ken a Mem)

12.10 - Llanystumdwy (Ael Y Bryn) (os yn braf - gwaelod Lon).

12.15 - Llanystumdwy (Cae Llo Brith)

12.20 - Criccieth (Ben Lon Felt)

12.25 - Maes Criccieth

12.40 - Porthmadog (Siop Eifionydd)

12.50 - Tremadog (Sgwar)

13.00 - Garej Bryncir

13.10 - Pantglas (Safle Bws)

13.20 - Bontnewydd (Safle Bws)

Byddwn yn aros am tua ¾ awr yng Ngwasanaethau Lymm ar y ffordd gan obeithio cyrraedd Gwesty Burn Hall, am oddeutu 6 i 6.30yh.

Mae bwyty yn y Gwesty neu mae dwy dafarn gyfagos yn Huby sef y New Inn neu'r Mended Drum.

Tacsi—07967 233760 - £2 y person i Huby a £6.25 i Efrog (os oes 4 person yn y car).

Dydd Sadwrn
25 Hydref

DIWRNOD RHYDD

COFIWCH fod yr awr yn mynd yn ôl heno.

Dydd Sul
26 Hydref

DIWRNOD RHYDD

5.15 yh - cyfarfod yng Nghyntedd y Gwesty er mwyn trafeilio i'r Eglwys lle rydym yn cadw cyngerdd. (Church of the English Martyrs)

Mae aros yn Efrog wedi'r cyngerdd i'w drafod.

RHESTR CANEUON

Steal Away	Gwahoddiad
I'se Weary	Ti a dy Ddoniau
Y Cariad Pellennig	Aberdaron
Y Dre Wen	We'll Keep a Welcome
Pedair Oed	Gyda'n Gilydd
Anfonaf Angel	Safwn yn y Bwlch
Ar Lan Y Môr	The Rose
Breuddwydio Wnes	Benedictws

Dydd Llun
27 Hydref

9.30 yb - pawb i gyfarfod yng Nghyntedd y Gwesty (gyda eu bagiau) er mwyn trafeilio i Efrog.

11.30yb - Eglwys Santes Helen ar Sgwar St Helen's, Efrog.

2.00 yh - pawb ar y bws yn barod i gychwyn am adref.

St Helen's Church
St Helen's Square
York
YO19 8EX

Gobeithio fod pawb wedi mwynhau?

Rhaglen taith y côr

Hydref 2014, cawsom daith i Efrog gyda chyfle i berfformio yn Eglwys y Merthyron Seisnig ar y nos Sul ac yn Eglwys Santes Helen ar y bore Llun cyn cychwyn am adref. Byddwn yn ceisio cyfuno taith go bell gyda chyfle i ymlacio ac i weld golygfeydd a thipyn o siopau gan fod y gwragedd a'r partneriaid yn cael dod hefo ni hefyd.

Rydym wedi cynnal cyngherddau mewn lleoedd amrywiol megis Cork, Cheltenham a Heathfield Road, Lerpwl yn ogystal ag ambell daith dramor i Ffrainc a'r Eidal. Mae'n hwyl garw bod ar y teithiau hyn yng nghwmni'r criw a bydd digon o ganu yn swyddogol ac answyddogol. Weithiau mae'r canu answyddogol yn swnio'n well na'r perfformiad go iawn ei hun.

Llais tenor sydd gen i ac yr wyf wrth fy modd yn cael canu. Byddwn yn canu amrywiaeth o gerddoriaeth o'r clasurol i'r cyfoes a cherdd dant yn naturiol. Er i ddweud y gwir, nid ydym yn gwneud cymaint o ganu Cerdd Dant erbyn hyn. Wrth gwrs, rwyf hefyd yn mwynhau cwmnïaeth y côr a'r sgwrsio a thynnu coes. Mae digonedd o'r tynnu coes hefyd, coeliwch chi fi.

Sefydlwyd Côr Meibion Dwyfor yn ôl ym 1975 gan D. G. Jones, Garndolbenmaen neu Selyf fel y caiff ei adnabod, a'i wraig, y ddiweddar Mrs Vera Jones yn cyfeilio. Yn wreiddiol, roedd y côr, neu Meibion Dwyfor fel y gelwid ni ar y cychwyn, yn cyfarfod yn Festri Capel Jerusalem, Garndolbenmaen cyn symud i'r ysgol yn y Garn. Trosglwyddodd Selyf yr awenau, neu'r baton yn yr achos hwn, i'w fab hynaf Gerallt, ymhen amser. Cyfreithiwr yng Nghaernarfon ydi Gerallt wrth ei alwedigaeth. Wedyn, cafodd Alun, brawd Gerallt, dro ar yr arwain. Mae Alun bellach yn brifathro Ysgol Dyffryn Ogwen. Daeth John Eifion, un o blant cerddorol Hendre Cennin i arwain ar ôl hynny ac mae o erbyn heddiw yng ngofal Côr y Brythoniaid ar ôl iddo gael prentisiaeth heb ei ail hefo ni siŵr iawn.

Pan ymunais i â'r côr, John Eifion oedd yr arweinydd a rhoddodd fi i sefyll wrth ochr Selyf. Ystyriais fy hun yn lwcus iawn o gael sefyll ochr yn ochr â Selyf, a chefais ysgol dda ganddo. Pan roddodd Selyf y gorau i ganu'n y côr hefyd, cafodd ei anrhegu gan aelodau'r côr gydag englyn o waith y diweddar Gerallt Lloyd Owen:

Ceraist Gymru'n ddiffuant, – a'i rhyddid,
A rhoddaist hyfforddiant
Dy allu i'w diwylliant
A rhoddi d'oes i'w Cherdd Dant.

Dynes ddewr iawn sy'n ei harwain bellach sef Mrs Buddug Roberts o'r Bontnewydd. Mae Buddug yn ddynes reit bwysig i ddweud y gwir gan mai hi ydi Dirprwy Bennaeth Ysgol Gynradd Y Gelli, Caernarfon. Meddyliwch, mae hi yng nghanol plant yn ystod y dydd ac yn dod at y plant mawr wedyn ar nos Fercher! Oes, mae'n rhaid bod amynedd Job ganddi yn enwedig pan ystyriwch chi mai'r unig beth sy'n ei gwylltio go iawn ydi'r dynion sy'n siarad yn lle gwrando yn y côr. Dydw i ddim yn un o'r rheini, cofiwch.

Yn wreiddiol, daeth Buddug atom i gyfeilio yn ystod arweinyddiaeth John Eifion. Ein cyfeilyddes erbyn hyn ydi Alison Edwards o Rostryfan. Pan nad yw Alison yn gallu dod atom, caiff Buddug afael ar ei brawd sef Dr Morris Jones. Mae un neu ddau arall wedi cyfeilio i ni yn eu tro hefyd, megis Linda Williams, Siop Eifionydd, Helen Medi chwaer John Eifion ac Iwan Jones o Waunfawr gynt.

Yn 1996, fe ryddhaodd Meibion Dwyfor eu tâp cyntaf a hynny ar ben-blwydd y côr yn un ar hugain oed a gwneud hynny yn Neuadd Garndolbenmaen. Yn naturiol, llywydd y noson oedd Selyf ei hun.

Llun drosodd:
Côr Meibion Dwyfor o flaen Plas Tan y Bwlch

Ym mis Medi 2013, dathlodd y côr bum mlynedd ar hugain o gynnal cyngherddau ar safle Mart Bryncir. Gan fod hyn yn garreg fillitir go arbennig gwahoddwyd tri o feibion aelodau'r côr i gymryd rhan sef Bryn Terfel, mab Hefin Jones; John Eifion, mab y diweddar Melfyn Jones a Rhys Meirion, mab Gwilym Jones.

Pleserau Gwaith

Un cwestiwn mae rhywun yn ofyn i mi'n aml ydi pa bleser yr wyf yn ei gael o wneud cymaint o swyddi bach a mawr. I ddweud y gwir, nid wyf yn eu hystyried fel gwaith o gwbl. Ffordd o fyw ydyn nhw i mi ac yr wyf wrth fy modd fy mod yn medru cynnig gwasanaeth i bobl yr ardal. Mae'r oes hon wedi mynd yn un ddigon rhyfedd ac mewn sawl man, dydi pobl ddim yn gwybod pwy sy'n byw drws nesaf iddyn nhw, heb sôn am yn yr un pentref. Fe fyddai hi'n gas gen i fyw yn rhywle a dim syniad gen i pwy sydd yn byw o fy nghwmpas. Rwyf yn siŵr y byddai llai o unigrwydd a mwy o gyd-dynnu'n y wlad 'ma pe bai pobl yn barod i weithio a gwneud mwy yn eu hardaloedd. Rwyf i beth bynnag wrth fy modd yn cyfarfod â phobl a cheisiaf wneud fy ngorau i bawb. Fûm i erioed yn berson fydd yn diflasu ar ddim neu yn 'bored' fel mae cynifer o'n ieuenctid ni mor barod i'w ddweud heddiw a fyddaf i byth chwaith tra mae gen i fy ngwaith a niddordebau.

Cadw trefn ar y busnes

Os oes ochr negyddol i fusnes yn fy marn i, wel gwaith papur ydi hwnnw. Oes, mae'n rhaid ei wneud o, ond weithiau mae'n gallu mynd yn fwrn. Tydi gwaith papur a finnau erioed wedi bod yn ffrindiau gorau. Diolch i'r drefn, mae Nia'r ferch bellach yng ngofal yr holl waith swyddfa. Mae'n bwysig sicrhau fod biliau'n mynd oddi yma'n rheolaidd i sicrhau llif arian ar ôl eich llafur caled. Cyflogi Nia oedd un o'r pethau gorau rwyf fi wedi'i wneud yma. Os na fedrwch wneud rhywbeth yn iawn eich hun, yna rhowch o i rywun sy'n gwybod beth i'w wneud. Mewn gwirionedd, y cyngor gorau all rhywun ei gael ym myd busnes ydi cyngor ganddo'i hun. Yn sicr, dysgu y ffordd galetaf, yn fwy na pheidio, yr ydw i wedi'i wneud.

Rhaid i mi gyfaddef, pe bawn i'n gorfod dechrau arni eto, mi fuaswn yn gwneud llawer mwy o ymdrech gyda gwaith papur oherwydd dyma elfen bwysicaf y busnes wedi'r cyfan. Fy nrwg i ydi fod gen i fy ffordd fy hun o wneud pethau wedi bod o'r cychwyn ac mae fy nghwsmeriaid wedi dod i ddeall y ffordd honno ac wedyn mae hi'n anodd altro'r drefn. Bydd Nia'n tynnu gwallt ei phen hefo fi weithiau am beidio cofnodi rhywbeth ac yn methu mantoli'r cyfrifon ar ddiwedd y dydd. Cyflogi rhywun i wneud gwaith papur ar eich rhan yw'r peth gorau gwnewch chi os ydach chi o'r un natur â fi a bydd yn talu ar ei ganfed i chi'n y pendraw.

O safbwynt busnes y garej a'r Ymgymerwr Angladd, mae'r ddau bellach yn gyfartal o ran llif ariannol er fod y busnes angladdau wedi cymryd blynyddoedd i'w sefydlu'n llwyddiannus. Mae hyn wedi golygu dyfalbarhad ond mae'r cyfan o werth yn y pen draw. Pe bai popeth yn hawdd ym myd busnes, byddai gan bawb ei fusnes ei hun! Waeth i neb feddwl am gynnal busnes os nad yw'n barod i ymlafnio a rhoi cant y cant i'r fenter.

I unrhyw un sy'n mynd heibio, ni fydd yr iard o flaen y garej byth yn wag ond yn orlawn o geir, faniau a lorïau. Yn ystod yr haf, bydd Lillian wedi bod wrthi'n brysur yn plannu blodau ar ben y clawdd wrth ochr y lôn fawr. Mae'n ffordd o wneud y lle i edrych yn fwy taclus meddai hi, ac fe fydda innau'n ychwanegu fod yr holl gerbydau'n dangos pa mor brysur ydi hi arnom yma. Ffordd effeithiol iawn o hysbysebu ydi o hefyd.

Er fod o'n ymddangos fod gen i lawer ar fy mhlât o ran y gwahanol gyfrifoldebau sydd gen i, dydyn nhw'n poeni dim arnaf. Rydw i'n mwynhau gweithio a bod yn brysur. Caf bleser o bob agwedd ar y gwaith. Y peth mwyaf i mi ydi fod y cwsmeriaid yn gwerthfawrogi yr ymdrech mae rhywun yn ei roi i'r gwaith.

Ifan a Nia yn swyddfa'r garej

Gweld rhyfeddodau

Rwyf yn gweld pethau digon od hyd y fan weithiau gan mod i'n codi mor blygeiniol i wneud fy amryfal ddyletswyddau. Un bore dro yn ôl, gwelais gar Gwyn Rhys, Garej Ffôr yn gwibio heibio a dyma ddechrau dyfalu i ble'r oedd o'n mynd mor gynnar ar y dydd. Yn ddiweddarach y diwrnod hwnnw, dyma ddeall nad Gwyn Rhys oedd o ond rhyw leidr wedi cymryd ffansi at y car ac wedi'i ddwyn o! Sôn am goblyn digywilydd, yn de?

Gwyliau a chael hoe

Dydw i ddim yn un am gymryd gwyliau – adra yr ydw i'n hoffi bod, ar wahân i ryw fwrw Sul yn y garafan heb fod ymhell. Ond mi fyddaf i a Lillian yn ei throi hi am wythnos bob mis Awst i'r Eisteddfod hefo'r garafan. Peidiwch â meddwl y bydd pobl Llanaelhaearn a'r cyffiniau yn byw heb eu llefrith a'u papur dyddiol yn ystod yr wythnos – o na! Bydd Einir, y ferch arall yn dod yma i dreulio wythnos yn gwneud fy ngorchwylion i gyd – heblaw y gwaith mecanig, dw i'n rhuthro i'w ychwanegu. Pan fyddaf ar dramp hefo'r côr, bydd Dylan a'r genod yn cadw trefn ar y busnes. Gallaf ddibynnu'n llwyr arnynt ac mae cael ffydd yn eich gweithwyr yn holl bwysig ym myd busnes.

Caf bleser mawr yn crwydro maes yr Eisteddfod ac yn picio i'r pafiliwn bob hyn a hyn i wrando ar amryfal gystadlaethau. Byddaf yn mwynhau'r Babell Lên hefyd ac yn dotio at ddawn ambell fardd yn gwau llinellau celfydd o

Eisteddfod Castell-nedd Awst 1994 - Einir ac Euros

89

farddoniaeth. Ar y maes carafanau, bydd cyfle gwych i siarad hefo hwn a'r llall ac i gyfarfod hen ffrindiau. Daw Gwion, un o'r wyrion i aros hefo ni yn ogystal ac mae'n mwynhau ei hun yn arw yn crwydro o stondin i stondin yn casglu sticeri a bathodynnau gan amlaf.

Fyddai ddim yn agor drws y garej ar ddiwrnod Nadolig. Llonyddwch ydi'r elfen bwysicaf i mi ar y diwrnod yma – cael llonydd oddi wrth bawb a phob dim, heblaw'r teulu wrth reswm, a chael cyfle i eistedd lawr i ymlacio o flaen y teledu gyda chan bach o gwrw. Rhaglenni Cymraeg ar S4C fyddai'n eu gwylio gan amlaf. Byddaf wrth gwrs wedi mwynhau clamp o ginio cyn hynny – y wledd draddodiadol o datws rhôst, sbrowts, moron a phys a thwrci. Fy ngorchwyl i ydi tafellu'r twrci a gwneud y grefi bob blwyddyn. Powlenaid o bwdin Dolig fydd hi wedyn a hwnnw wedi'i foddi mewn menyn melys. Wedi'r holl wledda, mae'n braf cael rhoi traed fyny am ychydig oriau wedyn.

Pytiau gan y plant

Nia

Dw i wedi bod yn chydig o hogan Dad erioed ac yn y bôn, pery hynny o hyd. Fel unig blentyn am naw mlynedd cyn geni Euros yn Hydref 1987 ac Einir wedyn ymhen cwta ddeng mis a hanner ddiwedd Awst 1988, bu'n gryn sioc i'r system! Ond rhaid i mi ddweud, roeddwn wrth fy modd yn cael helpu Mam i edrych ar eu holau.

Bu Euros yn ddi-enw am bron i chwe wythnos – fedrai Dad a Mam ddim meddwl am enw addas ac un noson gofynnodd Dad i mi pa enw fuaswn yn roi arno. Atebais 'Gareth' yn syth ac er nad oedd Dad a Mam yn ryw berffaith hapus â'r enw ychwaith, penderfynwyd mai Gareth Euros fyddai o ond ei fod yn cael ei adnabod fel Euros. Mae'n rhaid na chafwyd trafferth gydag Einir achos does gen i ddim cof i neb ofyn fy marn ar enw i fy chwaer fach.

Nia'n 2 oed 1981 – cyhoeddi Eisteddfod yr Urdd 1982

Dydw i ddim yn amau nad oeddwn yn medru troi Dad rownd fy mys bach. Cafodd Dad oen llywaeth i mi un tro am mod i wedi swnian cyhyd am gael anifail anwes mae'n siŵr. Mari oedd enw'r oen a bu'n byw hefo ni yn Elidir mewn cwt pwrpasol yng nghefn y tŷ ac yn cael ei gollwng i'r ardd yn ystod y dydd. Roedd hyn yn siwtio Dad i'r dim achos doedd o ddim yn

Ifan a Mari yr oen llywaeth tua 1980

gorfod torri'r gwellt os oedd Mari'n ei bori. Pan aeth yr oen yn rhy fawr, cafodd fynd i Goed y Garth. Ychydig iawn welais i ar Mari wedyn ac ymhen amser fe 'ddiflannodd'. Dydw i ddim yn amau mai ei bwyta wnaethon ni er na wnes i erioed holi!

Wedi hynny, cefais gwningen o'r enw Pwtyn a bu acw sawl pysgodyn aur yn eu tro. Ond ci oeddwn i ei eisiau ac er gofyn a gofyn i Dad wnaeth o ddim ildio. 'No wê!' fyddai ei

Nia efo Mari yr oen llywaeth tua 1980

ateb bob tro am ein bod yn byw yn rhy agos i'r ffordd. Ond am wn i mai Pip, fy mwji bach i oedd y creadur achosodd i Dad gael y chwysfa fwyaf ofnadwy un noson. Unwaith byddai wedi twllu, byddai caets Pip yn cael ei gorchuddio gyda blanced er mwyn i'r deryn bach gael clwydo'n dawel yn y gegin. Wel, un nos Sadwrn oedd hi ac roedd Dad wedi mynd am y dre gyda rhai o'i ffrindiau. Heb yn wybod iddo, roedd un o ffrindiau Dad, George Morton dw i'n meddwl, wedi tynnu Pip o'r caets a'i gyfnewid am un plastig, a'i roi'n ddiogel mewn caets arall a'i guddio yn un o'r llofftydd. Ymhen amser cyrhaeddodd Dad a'i fêts adra. Dyma George yn tynnu'r flanced oddi ar y caets yn sydyn ac agor y drws a gafael yn y bwji a'i luchio drwy'r drws gan ddweud mai allan dylai adar fod! Rhuthrodd Dad am y drws yn wyllt a dyna lle'r oedd o yn rhedeg yma ac acw'n chwilio am Pip yn y tywyllwch ac yn chwibanu i geisio'i ddenu'n ôl. Wel roedd ffrindiau Dad ar eu gliniau'n chwerthin wedi cael modd i fyw. Chafodd Dad ddim clywed diwedd i'r stori honno am hir iawn.

Cefais syrpreis un noson ar ôl bod yn Tegfan. Beth oedd yn fy nisgwyl pan gyrhaeddais adref ond piano a dechreuais gael gwersi yn reit sydyn wedi hynny. Ond cefais lond bol arni ymhen amser ar ôl cwblhau Gradd 4. Erbyn hyn, dw i'n difaru peidio dal ati yn union fel Dad. Bydd Dad yn dal i fynd ati ar brydiau pan fydd o'n dysgu cân newydd ar gyfer Meibion Dwyfor, ond mae'n cicio'i hun nad ydio o'n medru cyfeilio'n iawn iddo fo'i hun a ryw faglu mlaen yn canu'r alaw hefo un bys y bydd o.

Coblyn o un am ei fol ydi Dad. Un pryd sydd wrth ei fodd ydi bwyd Tsineaidd. Cofiaf yn blant y byddem yn cael mynd ar ambell nos Sul i nôl 'Têc Awê' i Bwllheli. Dad fyddai'n gosod yr archeb ac yn gofyn am y prydau gerfydd eu rhifau ar y fwydlen yn hytrach nac wrth eu henwau cywir. Caem bicio i Siop Magi Ann wedyn i brynu bag o fferins gwerth

Lillian a Nia – cychwyn i'r Gwasanaeth Diolchgarwch,
1982

rhyw ugain ceiniog. Fyddai dim tamaid o'r 'Têc Awê' ar ôl
wedi i bawb gael ei ddigoni achos fyddai Dad yn claddu
sbarion pawb.

Rhaid i mi ddweud fod gweithio hefo Dad yn rhywbeth
yr wyf yn mwynhau ei wneud er ei fod o'n greadur hynod o
flêr hefo biliau ac yn y blaen. Cefais andros o waith cael trefn
ar y swyddfa pan ddois i yma gyntaf, ond erbyn hyn, mae gen
i system dda ac mae'n rhaid i Dad a phawb arall ddilyn fy
mhatrwm i. Mae'r swyddfa'n brysur gydol y flwyddyn rhwng
trefnu angladdau, cwblhau ffurflenni'r peth yma a'r peth
arall, anfon biliau allan ac yn y blaen. Bydd angen gwneud y
T.A.W. bondigrybwyll bob tri mis, sy'n gallu achosi ychydig
o broblemau ac fe fydd hi o ganlyniad ychydig prysurach
na'r arfer yma yn ystod y cyfnod.

Fel plentyn, nid oes gen i gof i Dad erioed ddweud y

Nia yn edmygu'r MGB GT

drefn wrtha' i. Os oedd angen dwrdio, Mam fyddai'n gwneud hynny. Mae Dad yn berson tawel a mwyn a fydd o byth yn gwylltio. Os rhywbeth, pwdu fydd o a ddim yn siarad hefo neb am sbel. Pan fydd o wedi pwdu, bydd Sophia'n dweud fod y tocyn eithin o gwmpas am fod Dad yn bigog!

Ers talwm, ychydig iawn fyddwn i'n weld ar Dad gyda'r nosau i ddweud y gwir. Byddai'n diflannu ar ôl ei swper i ryw bwyllgor neu'i gilydd neu i ganu. Mae o'n parhau i fod yn ddigon prysur yn ystod ei oriau hamdden ac mae hyd yn oed yn parhau i fod yn llywodraethwr yn Ysgol Llanaelhaearn, a hynny ers pan oeddwn i'n blentyn yno dros ddeng mlynedd ar hugain yn ôl bellach. Yn ôl yn 2007, cytunodd i gael wacsio'i goesau er budd Cymdeithas Cyfeillion yr Ysgol. Un o rieni'r ysgol gafodd y gorchwyl o wneud y cwyro, sef Bethan Townend.

Coeliwch chi fi, roedd hi'n dipyn o olygfa a dw i ddim yn meddwl fod Dad wedi llwyr ystyried yn union beth roedd o wedi addo ymgymryd â fo. Dyna lle'r oedd o yn llewys ei grys a'i drowsys byr yn gorwedd yn ddewr ar fainc bwrpasol yn barod i wynebu'r her. Yn ei law, roedd ffon ac roedd ganddo ddau fwriad ar ei chyfer. Un oedd i hel y 'pluwr' oddi wrtho os oedd y broses yn rhy boenus a'r ail orchwyl oedd i'w helpu i gerdded yn ôl adra os byddai mewn dirfawr boen! Ond, nid oedd angen y ffon o gwbl. Drwy'r broses o bluo, gorweddodd yno yn gwenu'n braf fel pe na bai dim yn digwydd iddo. Ond gwenu rhwng dannedd caeëdig yr oedd o go iawn ac roedd hi'n stori wahanol iawn pan gyrhaeddodd adref a'i goesau'n noeth, yn goch i gyd ac yn llosgi. Bu wrthi am ddyddiau wedyn yn rhwbio rhyw hylif croen oedd gan Mam arnynt i stwytho rywfaint ar y boen. Ond bu'r ymdrech yn un llwyddiannus a llwyddodd i gasglu £809 i gronfa'r ysgol.

Fe'i cofiaf o'n aelod o'r Cyngor Plwy' hefyd a byddai rhywun ar ei ofyn yn aml yn Elidir hefo ryw broblem neu'i gilydd. Swyddogaeth arall mae o'n ymwneud â hi ers deugain mlynedd erbyn hyn hefyd ydi arwain Eisteddfod

Bethan Townend yn wacsio coesau Ifan, 2007

Gadeiriol Llanaelhaearn. Cyd-ddigwyddiad ydi hi bod yr eisteddfod a Garej Ceiri, ers i Dad ei chymryd, yn ddeugain oed yn 2015!

Byddech yn meddwl y byddai merch i ddyn garej yn cael hyfforddiant i ddreifio car gan ei thad, ond nid felly oedd hi'n tŷ ni. Oherwydd fod Dad mor brysur hefo'r peth yma a'r peth arall, cefais wersi gyrru gan Mr Cope. Ar adegau prin, byddai Dad yn fodlon fy helpu. Byddai'n mynd â fi ar y dechrau i ddreifio ar hyd y ffordd o Lodge Trallwyn i Goed y Garth er mwyn dod i arfer hefo newid y gêrs a phethau felly. Cefais andros o drafferth yn dysgu sut i fagio car a fedrwn i yn fy myw weld pa ffordd oedd angen troi'r llyw i yrru yn ôl yn syth. Daeth Dad i'r adwy yn y diwedd. Beth wnaeth o oedd mynd â fi a'r car i gae ac wedyn rhedeg tu ôl i'r car a finnau i fod i fagio ar ei ôl. Wel sôn am chwerthin! Pe bai rhywun wedi digwydd ein gweld, mae'n mae'n siŵr y byddent wedi meddwl mod i'n trio lladd Dad drwy yrru drosto! Wel, mi weithiodd y cynllun beth bynnag ac mae Dad yn dal yma i ddweud yr hanes.

Wedi cwblhau fy nghyfnod yn y brifysgol yn 2000, cefais swydd lawn amser yn Garej Toyota, Harlech a bûm yno am wyth mlynedd i gyd. Yn Llanystumdwy roeddwn yn byw yn ystod y cyfnod hwn. Ganed Gwion, fy mab hynaf ar 14eg Rhagfyr, 2006 a dychwelais i weithio yn y mis Mai canlynol. Roedd Dad, a Mam wrth reswm, wedi gwirioni ar eu ŵyr cyntaf ac yn ceisio fy mherswadio i ddychwelyd adra i weithio yn swyddfa'r garej er mwyn cael gweld mwy ar Gwion. Felly, penderfynais weithio'n rhan amser yn y swyddfa'n Harlech a rhan amser wedyn i Dad a Mam yn Garej Ceiri.

Roedd swyddfa Garej Ceiri angen cael trefn go iawn arni, coeliwch chi fi. Roedd gan Dad filiau a phapurau ymhob man a phopeth yn un cawdal! Y diwedd fu i mi roi'r gorau'n gyfan gwbl i weithio'n Harlech yn Ebrill 2008 a dod i

Priodas Dylan a Nia hefo'r plant

weithio'n llawn amser i Dad, a Mam wrth law i warchod Gwion. Fel mae'n digwydd, yr oedd hyn yn gweithio'n dda i ni i gyd.

O safbwynt perthynas gwaith, anaml iawn y byddwn yn anghydweld. Os cyfyd ambell ffrae, fydd hi ddim yn para'n hir a chaiff pethau eu datrys yn eitha handi er mwyn cael cario mlaen.

Cyfarfyddais â Dylan yn 2008 a ganed fy ail fab, Ianto Rhun ar 30ain Ionawr, 2010. Yn Llanaelhaearn roeddem yn byw erbyn hyn. Priodwyd Dylan a fi yng Ngwesty Meifod, Bontnewydd ar y 18fed Chwefror, 2011 a bellach rydym wedi cartrefu yn Llanllyfni. Rydym wedi ailwneud tŷ gwair gerllaw tŷ tad a mam Dylan yn gartref i ni ac yn byw yno bellach ers dechrau 2014. Roedd Dad fel y byddech yn disgwyl yn hamddenol braf yn y briodas ac yn edrych yn smart iawn yn ei siwt. Mae rhywun yn arfer cymaint ei weld mewn oferôl yn olew drosti!

Mae'r hogiau yn meddwl y

Y tad yn morio canu ym mhriodas Dylan a Nia

byd o'u Taid hefyd a Nain, wrth gwrs. Ers pan oedd yn ddwyflwydd oed, mae Gwion wedi cael mynd hefo nhw yn y garafan i'r Steddfod a bydd Ianto'n cael mynd hefo nhw y tro nesaf hefyd. Cafodd y ddau fynd hefo nhw am benwythnos yn y garafan i Aberdaron y llynedd. Yn ystod y gwyliau ysgol, caiff y ddau fynd am dro ambell ddiwrnod yn y car hefyd.

Mae Gwion yn dweud yn aml fod 'Taid yn ddyn clên a ffeind'. Mae'r ddau wedi treulio llawer o amser yn Garej Ceiri'n cael eu gwarchod a rŵan fod Ianto hefyd wedi dechrau'r ysgol yn llawn amser, mae'n ddistaw iawn o gwmpas y lle.

Taid yn rhoi gair o gyngor

Aeth Dylan, Gwion a fi i lawr i Gaerdydd adeg Eisteddfod yr Urdd, 2009 ac wrth gerdded lawr y stryd, dyma sŵn 'Bib Bib' o rywle. Pwy oedd yno ond Taid hefo'r bỳs, wedi dod â chriw o blant i lawr i gystadlu. Does wybod pryd na ble y dowch ar draws Taid!

Einir

Person di-gyffro iawn ydi Dad ac fydd o byth yn cynhyrfu. Yn wir, dydw i ddim yn meddwl i mi erioed ei weld yn rhuthro i wneud dim byd neu ar garlam wyllt i gyrraedd rhywle. Person rhadlon iawn ydi o ac fel Nia, fedra innau ddim cofio iddo ddweud y drefn go iawn wrtha i pan yn blentyn. Mae o'n dipyn o gymêr i ddweud y gwir ac yn aml â gwên ddireidus ar ei wyneb. Fydd o byth heb ei gap gwau am ei ben fel rheol, heblaw mewn angladdau. Mae o hyd yn oed yn ei wisgo yn ystod ymarferion y côr. Tydw i ddim yn ei gofio hebddo. Mae'n debyg mai i gadw'n gynnes yn y garej y cychwynnodd ei wisgo gyntaf ac iddo fynd yn arferiad wedyn.

Coeliwch neu beidio, ond mae o'n ffansïo'i hun fel tipyn o gogydd. Dydw i ddim yn meddwl fod angen i gystadleuwyr 'Masterchef' bryderu dim ychwaith. Sori Dad! Cofiaf yn iawn un tro iddo gael llawdriniaeth ar Retina Rydd ac roedd o dan orchymyn y doctor i fod yn segur am chwe wythnos. Am jôc! Coginio fuodd Dad yn ystod yr holl gyfnod . . . pwdin bara, pwdin peips, tatws pum munud ac yn y blaen. Os cofiaf yn iawn, roedd blas reit dda ar ei greadigaethau hefyd.

Daeth tro ar fyd rhyw Nadolig ac yntau yng ngofal y cinio a'r

Priodas William ac Einir

grefi ddim cweit yn iawn. Ychwanegu 'Bisto' i wneud grefi dyn diog oedd ei fwriad ac wedi estyn y jar o'r cwpwrdd, dyma ychwanegu llwyaid reit helaeth a throi a throi. Wedi peth amser, roedd oglau digon rhyfedd yn dod o'r sosban ac yntau'n meddwl mai rhywbeth oedd wedi gor-ferwi pan sylwodd Mam – a diolch bod hi yno – mai coffi 'Kenco' oedd y jar 'Bisto'! Twrci'n nofio mewn coffi? Ych a fi! Chaiff o ddim cymaint o benrhyddid yn y gegin y dyddiau hyn wedi'r anffawd yna ond mae'n dal i gael sleisio'r twrci ac mae'n dipyn o giamstar ar hynny.

Mae gen i gof i Dad ddweud rywdro yr hoffai fod yn ddoctor hefyd. Wel os gwnaeth o ffasiwn lanast o wneud grefi, meddyliwch be allai ddigwydd i'ch tu mewn pe bai Dad yn cael gafael arnoch! Mae'n well iddo wneud beth mae'n wneud orau dw i'n meddwl a chanolbwyntio ar beiriannau.

Stori dda arall am Dad ydi pan aeth ac Euros a fi i'r dre i gael torri ein gwalltiau pan oeddwn tua pedair neu bump oed. Nid wyf yn cofio lle'r oedd Mam ar y pryd na pham yn y byd yr anfonodd ni hefo Dad i dorri'n gwalltiau. Mae'n rhaid nad oedd hi adref achos rydw i'n cofio gorfod gwisgo amdanaf fy hun yng nghrys-T a throwsus cwta fy mrawd gan ein bod bron yr un oed a'r un pethau'n ein

Einir ac Euros Gwanwyn 1990 – y ddau fecanig bach

Euros ac Einir yn ceisio dianc dros wal, 1990

ffitio. I siop barbwr o bob man yr aeth Dad â ni. Rydw i'n meddwl mai siop yn y Stryd Fawr oedd hi, Siop Glen. Cofiaf yn glir fod gynnau'n cael eu gwerthu ym mhen blaen y siop a lle barbwr wedi'i baentio'n wyrdd yn y cefn. Tra oeddem yn disgwyl ein tro, siaradai'r barbwr yn glên hefo ni a chofiaf o'n gofyn i mi beth oedd fy enw. Atebais innau'n ddel gan ddweud 'Einir' – enw merch yn amlwg – ond pan aethom am adref yr oedd gan Euros a finnau walltiau pen powlen go iawn! Roedd Mam wedi cyrraedd adref erbyn hyn ac yn wallgof fod ei merch fach hi wedi mynd i'r dre mewn dillad hogyn ac wedi cael torri ei gwallt fel hogyn. Chafodd Dad fyth fynd â ni i dorri'n gwalltiau wedyn. Yn wir, cymerodd fy ngwallt i hydoedd i dyfu yn ôl i ryw steil go dderbyniol i hogan fach.

Einir ac Euros ar gychwyn!

Tydi Dad ddim yn un i wirioni ar ryw bethau crand a swagro hyd y lle. Hoffi'r pethau syml mewn bywyd mae o. Yn amlach na pheidio ar bnawn Sadwrn a Sul, mae'n casglu a thorri coed ar gyfer y llosgwr coed neu fynd yn y garafan am noson neu ddwy i lefydd sydd ddim ymhell fel Aberdaron. Yn sicr, does dim raid i mi ddweud am ei ymrwymiad i'r Côr. Ia, dyn ei filltir sgwâr go iawn ydi Dad.

Ifan wrth ei fodd ym mhriodas William ac Einir

Priodas William ac Einir

Euros

Un da am dynnu coes ydi Dad fel y tystia'r prentisiad yn y garej a rhai o'i gydnabod ac mae ganddo ddigonedd o synnwyr digrifwch. Dydi o ddim yn un i gymryd bywyd ormod o ddifri. Yn hogyn bach adra ers talwm, roeddwn wrth fy modd yn Elidir a chan fod Einir a minnau mor agos at ein gilydd o ran oed, yr oeddem yn gwmni mawr i'n gilydd. Caem lawer o sbort yng nghwmni Dad a Mam, wrth gwrs. Pan yn blant, byddai Einir a finnau wrth ein boddau'n chwarae hefo'n ceir bach ac nid oes eisiau gofyn pwy oedd

Euros - helpu yn Bryn Meddyg – 1989-90

wedi eu prynu i ni. Mae'n siŵr fod Dad wedi meddwl y câi ddau brentis mecanig ohonom ni'n dau pan fyddem yn gadael yr ysgol. Roedd o fel hogyn bach ei hun yn chwarae hefo ni a'r ceir bach, yn enwedig yn ystod cyfnod y Nadolig.

Cwestiwn mae pawb yn ofyn i mi ydi pam nad ydw i wedi ymuno yn y busnes garej hefo Dad? Mi fûm am gyfnod wedi gadael yr ysgol yn gweithio hefo fo, ond i fod yn gwbl onest, doedd fy nghalon ddim yn y gwaith. O weld Dad yn cael gwneud ei waith o ddydd i ddydd fel roedd o'n dymuno, roedd gen innau ryw ysfa i fod yn fos arnaf fi fy hun. Go brin y byddai llawer o siâp ar Garej Ceiri hefo dau geffyl blaen p'run bynnag a rheini hefyd o'r un stabal fel petae. Felly penderfynais droi fy llaw at waith trydanwr ac wedi cyfnod o dair mlynedd o brentisiaeth hefo Carwyn Evans o Fotwnnog, dyma gychwyn arni ar fy liwt fy hun. Roedd Dad a Mam yn gwbl gefnogol i mi yn y fenter newydd a buont yn help mawr yn rhoi cyngor i mi ar sut i fynd o gwmpas y gwahanol agweddau o fusnes.

Cofiwch, rydw i'n ddigon parod i fedru helpu Dad o dro i dro pan fydd angen gwneud ryw waith trydanol yn y garej ac mi wnâ i edrych dan fonet car os bydd o eisiau cymorth hefo ryw joban neu'i gilydd.

Ond os nad ydw i'n ymdrin â cheir o ddydd i ddydd, mae gen i ddiddordeb mawr ynddyn nhw ac fe fydda i'n mynd ati i ralio. Mae gyrru ar wib ar hyd lonydd cefn gwlad mewn rali gefn nos yn rhoi coblyn o wefr i mi. Bydd Dad wrth gwrs yn fy helpu i baratoi'r car at rali ac yn ei drwsio wedyn os byddaf wedi cael ryw anffawd. Ydi, mae'r atyniad at geir ynof finnau hefyd ond ddim cymaint â Dad efallai, yn yr ystyr fod eisiau eu diberfeddu ac ati ar brydiau a gwneud ryw welliannau yma ac acw arnynt. Un da ydi Dad am helpu.

Euros yn tŷ Yncl Robin ac Anti Helen tua 1990 – 3 oed

Dathlodd Dad ei ben-blwydd yn drigain ar ddechrau 2013. Os ydych yn adnabod Dad, wel yn siŵr i chi, doedd o fawr o awydd cyhoeddi'r peth i'r byd a'r betws. Aethom fel teulu am ginio Sul i Glwb Golff Caernarfon i ddathlu'r achlysur yn reit sidêt. Cafodd iPad gennym yn anrheg ac er ei fod braidd yn gyndyn i'w ddefnyddio ar y cychwyn, mae wrth ei fodd hefo fo erbyn hyn. Bydd yn ei ddefnyddio i dynnu lluniau, gyrru e-byst ac yn y blaen ac yn wir mae'n rhaid cyfaddef ei fod yn hen law ar ei drin bellach. Anti Helen, 'Sgubor Wen, Rhosfawr gynt, wnaeth y gacen iddo ac roedd hi wir yn werth ei gweld heb sôn am ei blasu.

Louise ac Euros ym mhriodas Einir

Cynghorion gan Ifan er mwyn cadw'r cerbyd i ganu grwndi

Wrth gwrs mae ngwaith i yn dibynnu ar gwsmeriaid yn dod â'u ceir a'u lorïau yma i gael eu trin, ond mae angen i berchnogion edrych ar eu holau hefyd er mwyn osgoi problemau digon cyffredin. Dyma i chi ryw ychydig o gynghorion i'ch helpu, ond dim gormod, neu mi fyddai'n colli busnes.

- Gofalwch eich bod yn gwybod beth ydi pwysedd aer y teiars a'ch bod yn cadw golwg gyson arno yn enwedig pan ydych yn mynd ar siwrnai bell. Dylai cyflwr y teiars fod yn gwbl ddiogel hefyd a dim golwg eu bod wedi gwisgo'n llyfn yma ac acw. Meddyliwch am y teiars fel sgidiau – fyddech chi ddim yn eu gwisgo pe bai'r wadn yn gwbl esmwyth neu fe fyddech yn llithro i bob man. Mae eisiau cofio fod teiar sbâr yn y car hefyd. Dylid gwneud yn sicr eich bod yn gwybod lle mae'r 'jac' ac yn y blaen yn cael ei gadw hefyd rhag ofn mynd i drybini ar y daith a chael pynjar a bod angen newid olwyn.

- Rhaid gofalu fod digon o olew ar gyfer cadw peiriant y car i redeg yn esmwyth. Mae eisiau sicrhau bob ryw bythefnos i wneud yn siŵr fod lefel yr olew yn gywir. Gall fod rhywbeth yn bod ar y peiriant os ydi o'n ei lyncu neu os byddwch yn clywed arogl llosgi. Rhaid newid yr olew a'r ffilter bob tro bydd y car yn cael gwasanaeth a dyna lle dw i'n chwarae fy rhan.

- Mae dŵr yn hollbwysig i bob creadur byw ac felly'r cerbyd hefyd. Dylid sicrhau fod lefel oeredd y cerbyd yn ddigonol ond mae'n hanfodol gwneud hyn pan fydd y peiriant wedi oeri neu fe fyddwch mewn perygl mawr o gael eich llosgi gan ddŵr chwilboeth. Yn ystod misoedd y gaeaf, mae eisiau ychwanegu antiffrîs i'r dŵr fel nad ydi o'n rhewi. Pe baech ddim yn gwneud hyn, gallai'r rheiddiadur gracio a dyna chi gostau wedyn.

- Does dim byd gwaeth na sbectol fudr yn nag oes pan rydych eisiau gweld rhywbeth. Wel, meddyliwch am sgrîn wynt y car fel sbectol hefyd. Dylai fod yn berffaith lân a chlir bob tro ac un peth sydd angen ei wneud i sicrhau hyn ydi gwneud yn siŵr fod llafnau rwber y weipars mewn cyflwr da. Oherwydd y defnydd sydd arnynt, maent yn dueddol o wisgo a gadael ryw hen haenen fudr a seimllyd ar y sgrîn. Fyddai fawr o dro yn gosod rhai newydd ichi! Dylwn ychwanegu fod angen gwneud yn siŵr fod dŵr glân yn y botel hefyd ac eto bod antiffrîs ynddi yn ystod misoedd y gaeaf.

- Dylid golchi lampau'r cerbyd yn gyson oherwydd gall cymaint o faw gael ei daflu atynt wrth deithio ac o ganlyniad mae'n ymddangos nad yw'r golau cystal. Rhaid i mi ddweud fod un neu ddau wedi galw yn y garej o dro i dro yn dweud fod golau'r cerbyd yn wan iawn a'r cwbl sydd angen ei wneud ydi cymryd cadach glân a glanhau'r lampau!

- Mae angen ychydig mwy o ofal ar y cerbyd yn y gaeaf. Un o'r problemau mawr yr adeg hon o'r flwyddyn ydi'r batri. Mae batri sydd dros bum mlwydd oed yn debygol o fethu mewn oerfel. Eto, dowch yma i mi gael golwg arno! Yn sicr cysylltwch â'r garej os clywch ryw dwrw gwichian cyn gynted ag y byddwch yn tanio'r injan. Gallai fod yn arwydd fod y pwmp dŵr wedi rhewi a bod y ffanbelt wedi llithro. Hefyd os yw'r cerbyd yn gorboethi ar ôl dim ond rhyw daith fer, gallai'r rheiddiadur fod wedi rhewi a gallai hyn arwain at ddifetha'r injan yn llwyr.

- Os bydd llawer o rew ac eira ar y lôn, gall siwrnai rhywun gymryd llawer mwy o amser nag a ystyriwyd. Dyna pam ei bod hi mor bwysig fod cyflenwad digonol o danwydd yn y tanc. Syniad reit dda hefyd ydi rhwbio ychydig o Vaseline neu sylwedd tebyg ar siliau rwber y drysau fel nad ydynt yn rhewi ac yn gwrthod yn lân ac agor a chithau ar frys hwyrach. Mae chwistrelliad o WD-40 i mewn i'r cloeon yn help i sicrhau nad ydynt yn rhewi hefyd. Dylid osgoi gadael i systemau trydanol y car redeg am fwy nag a ddylent ar ddyddiau rhewllyd. Trowch y gwresogydd lawr unwaith mae'n gynnes yn y car a gofalwch ddiffodd gwresogydd y ffenest gefn unwaith mae'r gwydr yn glir. Mae gor-ddefnyddio rhain ar ddyddiau oer yn siŵr o wanhau'r batri.

- Os yw'r cerbyd yn sefyll dros y Sul, taniwch o am ychydig er mwyn i'r batri fedru adfer ei gryfder dros nos. Wrth danio'r injan, ni ddylai goleuadau, gwresogydd na'r weipars fod ymlaen. Gwanhau'r batri maen nhw os ceisiwch danio'r car yn oer. Os nad yw'r injan am danio'n syth, dylid osgoi dal ati am gyfnodau hir. Mae tanio'r injan yn ysbeidiol yn syniad llawer gwell na dal i droi'r goriad yn ôl ac ymlaen. Wnaiff y batri ddim byd ond gwanhau ymhellach.

Synnwyr cyffredin ydi llawer o'r hyn sydd eisiau ei wneud i gadw'r car neu pa gerbyd bynnag, mewn cyflwr addas i'r ffordd fawr. Gallwn gynnig llawer mwy o gynghorion i chi, ond chewch chi mohonyn nhw neu fy musnes i fydd yn dioddef! Na, o ddifri rŵan, mae'n bwysig bod yn ddiogel ar y ffordd ac yn barod am unrhyw anffawd allasai ddigwydd. Cofiwch bob tro mai'r car i'w wylio ydi'r car sydd y tu ôl i'r car o'ch blaen chi!

Meddwl am yr hyn a ddaw!

Dydw i ddim wedi rhoi ryw lawer o ystyriaeth i'r hyn ddaw i'm rhan yn y dyfodol. O safbwynt y busnes, mae pethau'n gweithio'n dda i ni yma ac i beth mae eisiau ail-wampio rhywbeth sy'n gweithio'n iawn? Oes mae datblygiadau cyson ym myd technoleg ac electroneg y dyddiau hyn ac mi wna innau ryw gyfraniad bach i ddal fyny fel petae. Medru cynnig y gwasanaeth gorau i gwsmeriaid y garej ydi fy nyletswydd i ac os ydi hynny'n golygu buddsoddi yn y peiriannau diweddaraf, yna bydd yn rhaid gwneud hynny.

Nid ydym wedi sefydlu gwefan ar gyfer gwaith y garej oherwydd ar hyn o bryd mae yma ddigon o gwsmeriaid ac mae pobl yn clywed amdanom ar lafar. Gwn fod hyn yn agwedd braidd yn hen ffasiwn erbyn hyn ac mae Nia yn ceisio f'annog i gael gwefan. Cawn weld! O ochr gwaith trefnwr angladdau, mae manylion am yr hyn y gallwn ei gynnig ar y we eisoes. Byddaf yn defnyddio'r papurau bro lleol sef *Y Ffynnon* a *Llanw Llŷn* i hysbysebu'r busnes angladdau yn unig.

Rwyf i'n berffaith fodlon fy myd fod popeth yn hwylio mlaen yn gyfforddus gen i. Nid wyf yn rhagweld ar hyn o bryd y byddaf yn cwtogi dim ar fy niwrnod gwaith ac yn ymddeol. Yn wir, os caf iechyd, fe fydda i'n berffaith hapus yn cario 'mlaen i weithio. Chewch chi ddim gwared ohona i am beth amser eto!

Syniad Da

Y bobl, y busnes — a byw breuddwyd

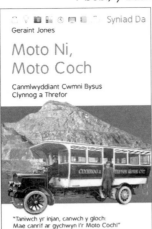

Geraint Jones

Moto Ni, Moto Coch

Canmlwyddiant Cwmni Bysus Clynnog a Threfor

"Taniwch yr injan, canwch y gloch: Mae canrif ar gychwyn i'r Moto Coch!"

Moto Ni, Moto Coch
Canmlwyddiant y cwmni bysus cydweithredol ym mhentrefi Clynnog a Threfor

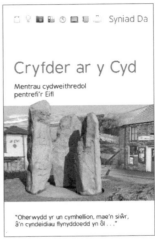

Syniad Da

Cryfder ar y Cyd

Mentrau cydweithredol pentrefi'r Eifl

"Oherwydd yr un cymhellion, mae'n siŵr, â'n cyndeidiau flynyddoedd yn ôl . . ."

Mentrau Cydweithredol Pentrefi'r Eifl:
Nant Gwrtheyrn; Tafarn y Fic; Siop Llithfaen, Garej Clynnog, Antur Aelhaearn

Syniad Da

Torri Gwallt yn Igam Ogam

Gol. Rhian Jones

'Rydym ill dwy'n mwynhau yr hyn a wnawn o ddydd i ddydd ...'

Trin Gwalltiau yng Nghricieth
Menter Jano ac Anwen yn sefydlu siop ddifyr a bywiog ar ôl dysgu eu crefft

Syniad Da

Llongau Tir Sych

Thomas Herbert Jones
Caelloi Cymru 1851-2011

"Un o'r pethau gwaethaf wnaiff rhywun ydi ymddeol..."

Caelloi Cymru:
cwmni bysys moethus o Lŷn sy' n ddolen rhwng Cymru ac Ewrop

Z798506